Código De Ley Canónica

Canon 66 "La economía cristiana, por tanto, ya que es la Alianza nueva y definitiva, nunca pasará; y ninguna nueva revelación pública se espera antes de la manifestación de nuestro Señor Jesucristo". Aún, aunque la Revelación esté acabada, no ha sido completamente explicitada; corresponderá a la fe cristiana comprender gradualmente todo su contenido en el curso de los siglos.

Canon 67 A través de los siglos, ha habido revelaciones llamadas "privadas", algunas de las cuales han sido reconocidas por la autoridad de la Iglesia. Ellas no corresponden, sin embargo, al depósito de la fe. No es su rol mejorar o completar la Revelación definitiva de Cristo, sino para ayudar a vivirla más plenamente en una cierta época de la historia. Guiada por el Magisterio de la Iglesia, el sensus fidelium sabe discernir y acoger lo que en estas revelaciones constituye una llamada auténtica de Cristo o de sus santos a la Iglesia.

La fe cristiana no puede aceptar "revelaciones" que pretenden superar o corregir la Revelación de la que Cristo es el cumplimiento, como es el caso de ciertas religiones no cristianas y también de ciertas sectas recientes basadas en tales "revelaciones".

La Llena de Gracia:
Los Primeros Años
El Mérito
Pasión de Joseph
El Ángel Azul
La infancia de Jesús

Seguidme:
El Tesoro con Siete Nombres
Dónde hay Aspinas, también habrá Rosas
Por el Amor que Persevera
El Colegio Apostólico
El Decálogo

Las crónicas de Jesús y Judas Iscariote:
Te Veo como Eres
Aquellos quienes están Marcados
Jesús Llora

Lázaro:
Que Bella Rubia

Claudia Procula:
¿Amas al Nazareno?
El Capricho de la Moral de la Corte

Principios Cristianos
En la Reencarnación

María de Magdala
Ah! Mi Amada! ¡Al Fin Te Alcancé!

Lamb Books

Adaptaciones ilustradas para toda la familia

LAMB BOOKS

Publicado por Lamb Books, 2 Dalkeith Court, 45 Vincent Street, London SW1P 4HH;
Reino Unido, EE.UU. FR, IT, ES, PT, DE
www.lambbooks.org
Publicado por primera vez por Lamb Books 2013
Esta edición
001
Texto copyright @ Lamb Books Nominado, 2013
Ilustraciones autor @ Lamb Books, 2013
El derecho moral del autor e ilustrador ha afirmado
Reservados todos los derechos
El autor y editor Agradecemos al Centro Editoriale Valtoriano en Italia para el permiso para citar el Poema del Hombre-Dios por María Valtorta, por Valtorta Publishing
Situado en Bookman Old Style R
Impreso en el Reino Unido por CPI Group (UK) Ltd, Croydon, CR0, 4YY

Salvo en los EE.UU., este libro se vende con la condición de que no será, con carácter comercial o no, ser objeto de préstamo, reventa, alquiler, o distribuido de otro modo sin el consentimiento previo del editor, en cualquier forma de encuadernación o cubierta que no sea aquel en el que se publica y no una condición análoga, incluida esta condición que se imponga en el futuro comprador

Seguidme

El Tesoro Con 7 Nombres

LAMBBOOKS

Agradecimientos

El material de este libro es una adaptación de la Mística Ciudad de Dios, Sor María de Jesús de Agreda, que recibió el Imprimátur en 1949 y también del El Poema del Hombre Dios (El Evangelio Como Me Es Revelado), aprobado por primera vez por el Papa Pío XII en 1948, cuando en una reunión el 26 de Febrero de 1948, presenciado por otros tres sacerdotes, ordenó a los tres sacerdotes presentes "Publicar este trabajo, tal como es". En 1994, el Vaticano hizo caso a las llamadas de los cristianos en todo el mundo y han comenzado a examinar el caso de la Canonización de Maria Valtorta (Pequeño Juan).

El Poema del Hombre Dios fue descrito por el confesor de Pío "como edificante". Las revelaciones místicas han sido durante mucho tiempo jurisdicción de los sacerdotes y los religiosos. Ahora, están al alcance de todos. Que todos los que lean esta adaptación también lo encuentren edificante. Y a través de este punto de vista, la fé puede ser renovada.

Gracias especiales al Centro Editoriale Valtortiano en Italia por su autorización para citar el Poema del Hombre Dios por María Valtorta, llamada también Pequeño Juan.

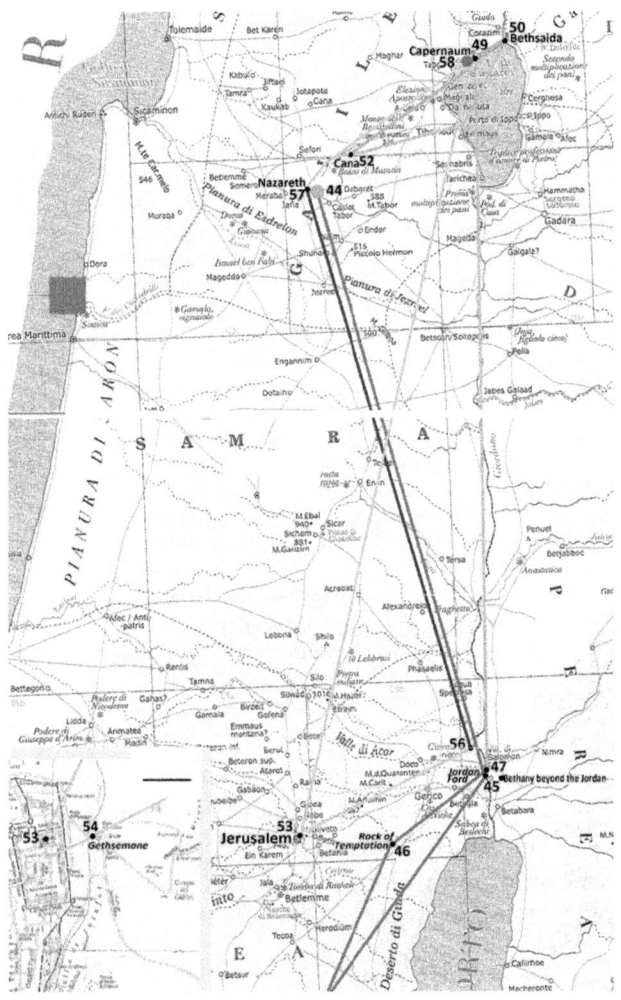

"Recibid a vuestro Hijo Unigénito, imitaros y criaros y recordad, para que lo debéis sacrificaros cuando yo os exija".

La Santísima Trinidad a la Virgen María en la gruta de la Cueva de la Natividad – Ciudad Mística de Dios por la Venerable María de Jesús de Agreda

"... Con tantos libros sobre Mí y que, después de tantas revisiones, cambios y adornos se han convertido en irreales, quiero daros a los que creen en Mí una visión de vuelta a la verdad de Mis días mortales. No estoy disminuído por lo tanto, por el contrario, Me he hecho mayor en Mi humildad, que se convierte en alimento sustancioso para vosotros, que os enseñará a ser humildes y semejantes a Mí, ya que fui un hombre como vosotros y en Mi vida humana llevé la perfección de un Dios. Yo iba a ser su Modelo, y los modelos siempre deben ser perfectos".

Jesús, 09 de febrero 1944 - Poema del Hombre-Dios

La Muerte de José	10
Despedida de Su Madre y Salida de Nazaret	28
Jesus es Bautizado en el Jordán	45
Jesus es Tentado en el Desierto por el Diablo	52
Jesús se encuentra con Juan y Santiago	70
Juan y Santiago le Hablan a Pedro sobre el Mesías	75
Primera Reunión de Pedro y el Mesías	85
Jesús se encuentra con Felipe y Natanael	101
Judas Tadeo en Betsaida para Invitar a Jesús a las Bodas de Caná	119

La Muerte De José

Extracto de 'la Mística Ciudad de Dios',
Por la venerable María de Jesús de Agreda.

Durante los últimos ocho años, José había estado enfermizo y sufriendo con artritis durante el tiempo en el cual su alma se había purificado en el crisol del amor divino. A medida que pasaba el tiempo, su fuerza iba disminuyendo y el cuidado dado por su Esposa aumentaba día a día. Cuando María, en Su sabiduría excelsa percibió que el final estaba cerca, Ella le solicitó a su Hijo en nombre de José:

"Señor Dios Altísimo, Hijo del Padre Eterno y Salvador del mundo, por Tu luz divina veo que la hora que Tú has decretado se aproxima para la muerte de tu siervo José. Te ruego, por tus antiguas misericordias y generosidad infinita, que lo ayudes en esa hora por tu poder omnipotente. Deja que su muerte sea lo más precioso ante tus ojos, como la rectitud de su vida es agradable a Ti, para que pueda partir en paz y en la esperanza de la recompensa eterna que debes dársela a él el día en que abras las puertas del cielo para todos

los fieles. Se consciente, mi Hijo, de la humildad y el amor de tu siervo; de sus grandes méritos y virtudes, de la fidelidad y solicitud por el cual este hombre solo se ha apoyado por Tí y por Mí, tu humilde esclava, con el sudor de su frente".

"Mi Madre, Tu petición es agradable a mí, y los méritos de José son aceptables ante mis ojos. Lo asistiré ahora y le asignaré un lugar entre los príncipes de mi pueblo tan alto que será la admiración de los ángeles y hará que ellos y todos los hombres prorrumpan en las alabanzas más altas. Con nada de lo humano nacido haré como con tu esposo".

María le agradece a su Hijo por esta promesa.

Durante nueve días y nueve noches antes de su muerte, José disfruta de la compañía sin interrupciones y la asistencia de María o de Jesús. Tres veces en cada uno de los nueve días, los ángeles entretienen a José con música celestial, mezclando himnos de alabanza con bendiciones. Durante este tiempo, su casa está perfumada con fragancias dulces tan maravillosas que consuelan a José y vigorizan a todos los que se acercan a la casa.

Entonces su muerte podría ser más el triunfo de su amor que de los efectos del pecado original, Jesús suspende la ayuda milagrosa que había permitido a José para soportar la fuerza de su amor durante su tiempo de vida permitiendo así que su alma rompa los lazos que se mantienen dentro de su cuerpo mortal. Por lo tanto, la verdadera causa de la muerte de José es excesivo amor.

Un día antes de su muerte, José se desliza en un éxtasis que dura veinticuatro horas, en las que ve con claridad la Esencia Divina y también ve todo lo que él había creído por fe, incluyendo los misterios de la Encarnación y de la Redención y de la Iglesia, con sus Sacramentos. Entonces él es encargado y asignado como mensajero de Cristo a los santos Patriarcas en el limbo, para prepararlos para su liberación en el Paraíso.

Todo esto, María lo ve reflejado en el alma de su Hijo y Ella ofrece su más sincero agradecimiento al Todopoderoso.

Cuando José se recupera del éxtasis, su rostro brilla con esplendor maravilloso que reflejando ahora su alma transformada por su visión de la esencia de Dios. Le pide a María por su bendición, pero Ella va a su divino Hijo para que Él lo bendiga en su lugar.

Ahora, a la edad de sesenta años, habiendo sido el esposo de María, la Madre del Verbo Encarnado por veinte siete años, el momento de la muerte de José ha llegado cuando María tiene cuarenta y uno y medio, aunque Ella nunca luce más de treinta y tres y Jesús, veintiséis y medio.

Fin del extracto.

Jesús está en el trabajo en el taller de carpintería donde los muros sur y este están construidos de piedra enlucida tallada en grutas naturales en la montaña rocosa que también constituyen sus muros norte y oeste.

Un pequeño bote de pegamento está sobre una chimenea de madera rústica en el hueco de la roca, ennegrecida por el humo a lo largo de muchos años que luce cubierta con alquitrán. Hay un agujero en la pared, cubierta con un mosaico grande y sirve como una chimenea para dejar salir el humo, pero debe funcionar muy mal porque las otras paredes también están ennegrecidas por el humo y hasta ahora, el pequeño taller se llena con una niebla ahumada.

Jesús, ahora un hombre adulto, está trabajando en un gran banco de carpintería, tablones de cepillado que luego apoya contra la pared detrás de Él. Él libera a un taburete sujetado por dos lados con un tornillo y examina cuidadosamente desde todos los ángulos, para comprobar que sea perfecto. Luego va a la chimenea, toma la pequeña olla y revuelve su contenido con un pequeño pincel que termina como un palito.

Su túnica es bastante corta, de color avellana oscura, con las mangas enrolladas hasta sus codos. Él lleva puesto un delantal de obrero por encima de su túnica, que usa para limpiar sus dedos después de tocar la olla.

Él está solo, trabajando con diligencia, pero pacíficamente, sus movimientos suaves y pacientes así como aplana un nudo resistente en la madera. Un destornillador cae de la mesa de trabajo dos veces y él lo recoge pacientemente. Y a Él no le importa el humo en la pequeña habitación que debe irritarle los ojos.

De vez en cuando, levanta la cabeza y mira a la puerta cerrada en la pared sur que conduce a la pequeña habitación que da al huerto, Él mira y escucha.

De vez enc cuando, Él abre la puerta en el muro oriental que da a la carretera polvorienta y mira como esperando a alguien después vuelve a su obra, no está triste, pero muy serio.

Él está trabajando en una parte de una rueda cuando María entra por la puerta sur, dirigiéndose a Él y vistiendo una sencilla túnica azul oscuro atada a la cintura con un cordón del mismo color. Ella se apresura hacia Jesús, la preocupación está escrita en su rostro de ángel azul, las lágrimas brillando en sus ojos enrojecidos y cansados y colocando ambas manos en sus brazos en una actitud de oración y de sufrimiento, Ella dice con labios temblorosos:

'¡Oh Jesús! Vamos, vamos. ¡Él está muy enfermo!

¡Madre! Él responde de manera sencilla y en una sola palabra, lo dice todo, mientras pasa su brazo por encima del hombro, y la acaricia y consuela.

Luego sale de su trabajo, se saca el delantal y sale con Ella por la puerta sur y en el cuarto de al lado lleno de luz que entra desde el jardín de la cocina, que también está lleno de luz y verde, y donde hay palomas revoloteando alrededor de la ropa puesta a secar en el viento que sopla.

La habitación es pobre, pero ordenada. En una cama baja cubierta con colchonetas, se encuentra José, apoyado sobre cojines. La palidez de su rostro lívido, la falta de vida de sus ojos, el pecho jadeante y la relajación de su cuerpo todos dicen que se está muriendo.

De pie del lado izquierdo de José, María toma su mano, ahora arrugada cerca de sus uñas y la masajea, la caricia y la besa. Luego, con un pequeño trozo de tela, seca las líneas del sudor reluciente en las sienes y limpia una lágrima cristalina en la esquina de su ojo. Entonces Ella sumerge otra pieza de lino en un líquido que parece vino y humedece sus labios con él.

Desde el lado derecho de José, Jesús rápidamente y con cuidado levanta el cuerpo caído de José acomodando los cojines, ajustándolos con la ayuda de María. Entonces Él acaricia la frente del moribundo y trata de animarlo.

Grandes lágrimas, como zafiros brillantes ruedan silenciosamente por las pálidas mejillas de María y sobre su vestido azul oscuro a medida que Ella llora en silencio.

Recuperándose un poco, José mira a Jesús, toma su mano como si quisiera decir algo y recibir fuerza para esta última prueba de su Hijo divino. Jesús se inclina sobre su mano y la besa, haciendo sonreir a José.

Entonces volviéndose y buscando con sus ojos, José busca a María y también le sonríe. María trata de devolverle la sonrisa a José desde su posición de rodillas junto a su cama, no tiene éxito y en su lugar se inclina su cabeza. José pone su mano sobre su cabeza inclinada con una caricia pura que parece una bendición.

Todo alrededor está en silencio excepto por el revoloteo y arrullo de las palomas, el susurro de las hojas y el canto de las aguas afuera… y la respiración del moribundo en la habitación.

Jesús va alrededor de la cama, toma un taburete y hace que María se siente en el, una vez más, simplemente diciendo "¡Madre! "

Luego vuelve a su lugar, toma la mano de José e inclinándose sobre el moribundo, le susurra este salmo:

" Cuida de mí, oh Señor, porque mantuve la esperanza en Ti ...

A favor de Tus amigos que viven en Tu tierra

él ha logrado todos mis deseos de una manera maravillosa ...

Bendeciré al Señor, Quien es mi consejero...

El Señor está siempre delante de mí.

Él está de mi lado derecho que no cae.

Por tanto, mi corazón se regocija y mi lengua se regocija

y también mi cuerpo descansará en esperanza.

Porque no abandonarás mi alma

en la morada de los muertos,

ni permitirás que tu amigo vea corrupción.

Me revelarás el camino de la luz a mí

y me llenarás de alegría al mostrarme ante Tu cara. "

Animándose un poco, José mira a su Hijo adoptivo, le da una animada sonrisa y presiona sus dedos. Jesús responde con una sonrisa y una caricia. Y todavía inclinado sobre su padre adoptivo, Él va suavemente:

«" *¡Cómo amo Tus Tabernáculos, oh Señor!*

Mi alma se consume y anhela los atrios del Señor.

También el gorrión ha encontrado una casa

y la palomita un nido para sus crías.

Ansío tus altares, Señor.

Felices los que viven en Tu casa ...

Dichoso el hombre que encuentra su fuerza en Ti.

Él inspiró en su corazón los ascensos

Del valle de lágrimas al lugar elegido.

Oh Señor, escucha mi oración...

Oh Dios, Vuelve Tus ojos y mira el rostro de Tu Ungido ...

José solloza, mira a Jesús y hace un esfuerzo por hablar como si lo bendiciera, pero no puede. Es claro que entiende pero no puede hablar. Pero él está feliz y mira a su Jesús con alegría y confianza. Jesús continúa:

" ¡Oh! Señor, Tú has favorecido a Tu propio país,

Tú has traído de vuelta a los cautivos de Jacobo...

Muéstranos, Señor, Tu misericordia y trae de vuelta a Tu Salvador.

Quiero escuchar lo que el Señor me está diciendo a mí.

Él ciertamente le habla de Paz a Su pueblo,

para Sus amigos y para aquellos que convierten sus corazones a Dios.

Sí, Su salvación está cerca ...

y la gloria habitará en nuestro país.

El amor y la lealtad se han encontrado ahora,

la justicia y la paz se han abrazado.

La lealtad llega desde la tierra

y la justicia baja desde el Cielo.

Sí, el Señor Mismo otorga felicidad y nuestra tierra da su cosecha.

La justicia siempre le precederá y dejará sus huellas en el camino".

Tú has visto esa hora, padre, y has trabajado para ello... "Dice Jesús ' ... Has colaborado en la formación de esta hora y el Señor te recompensará por ello. Te lo estoy diciendo. "Y Jesús enjuga una lágrima de alegría deslizándose lentamente por la mejilla de José.

Luego Él resume:

" ¡Oh, Señor, acuérdate de David y toda su bondad.

Cómo él juró al Señor: No voy a entrar en mi casa,

ni subir a la cama de mi reposo, ni permitir que mis ojos duerman,

ni dare descanso a mis párpados , ni paz a mis templos

hasta que haya encontrado un lugar para el Señor, un hogar para el Dios de Jacobo...

Levántante oh Señor y ven a Tu lugar de descanso,

Tú y Tu Arca de Santidad ... "

María entiende y rompe en llanto.

Puede que Tus sacerdotes se confieran a la virtud y a Tu devoto grito de alegría.

Por el bien de Tu siervo David,

no nos prives del rostro de Tu Ungido.

El Señor le juró a David y seguirá siendo fiel a su palabra:

"Pondré en su trono el fruto de tu vientre".

El Señor ha elegido su casa...

Haré un brote del retoño para David,

Adornaré una lámpara para Mi Ungido".

"Gracias mi padre en Mi nombre y en el de Mi Madre. Has sido un padre Justo para mí, el cual el Padre Eterno ha escogido desde el guardián de Su Cristo y de Su Arca. Has sido la lámpara adornada por Él y por el fruto del santo vientre, has tenido un corazón amoroso. Vete en paz, padre. Tu viuda no será desamparada. Dios ha dispuesto que Ella no debe estar sola. Ve pacíficamente hacia tu descanso, te lo digo", dice Jesús.

María llora con el rostro enterrado en los mantos que sirven como mantas, estiradas sobre el cuerpo de José, ahora cada vez más frío. Él ahora está respirando con dificultad y Jesús se apresura a consolarlo mientras sus ojos se nublan una vez más.

«" Feliz el hombre que teme al Señor

y mantiene con alegría sus mandamientos ...

Su justicia durará para siempre.

Para los rectos Él brilla como una lámpara en la oscuridad,

Él es misericordioso, amoroso, virtuoso...

El hombre sólo será recordado por siempre.

Su justicia es eterna y su poder se levantará y se convertirá en gloria ... "

'Tú, padre, tendrás esta gloria. Pronto vendré y te llevaré, con los Patriarcas que han pasado delante de ti, con la gloria que te espera. Que tu espíritu se alegre con Mi palabra".

"Quién vive en el refugio del Altísimo,

vive bajo la protección del Dios del Cielo".

Tú vives allí, oh padre.

"Él me rescató de las trampas de los cazadores de aves y de las palabras ásperas.

Él te cubrirá con Sus alas

y debajo de sus plumas, encontrarás refugio.

Su verdad te protegerá como un escudo

y no necesitas temerle a los terrores de la noche ...

Ningún mal se acercará a ti porque

Él ordenó a sus ángeles para que te cuiden a donde quiera que vayas.

Ellos te apoyará en sus manos

A fin de que no lastimes tus pies contra las rocas piedra.

Aplastarás a leones y culebras,

Pisotearás a leones salvajes y dragones.

Porque has de esperar en el Señor,

Él te dice a ti, oh padre, que Él te liberará y te protegerá.

Porque tú has levantado tu voz a Él, Él te escuchará,

Él estará contigo en tu última aflicción,

Él te glorificará después de esta vida,

Mostrando, incluso ahora, Su salvación".

'Y en la vida futura, Él permitirá que entres, por el Salvador, que ahora te reconforta y es Quién, muy pronto, ¡oh! lo repito, Él vendrá muy pronto y te cargará en su abrazo divino y te llevará, a la cabeza de todos los Patriarcas, donde la morada ha sido preparada para el hombre Justo de Dios quien era Mi padre bendito".

Mientras José se hunde en las nieblas de la muerte, Jesús levanta Su voz para alcanzar el corazón de José, cuyo fin es inminente, su respiración es ahora dolorosa y jadea mientras María lo acaricia.

'Ve adelante de Mí y diles a los Patriarcas que el Salvador está en el mundo y el Reino de los Cielos pronto se abrirá para ellos. Ve, padre, que Mi bendición te acompañe".

Sentado en el borde de la pequeña cama, Jesús abraza y atrae hacia sí al hombre moribundo, que se desploma y muere en paz.

Hay paz solemne en la pequeña habitación. Jesús acuesta al Patriarca nuevamente y abraza a María, Quien en el último momento, con el corazón roto, se había acercado a Jesús.

Extracto de 'la Mística Ciudad de Dios',
Por la venerable María de Jesús de Agreda.

María sufre amargamente por la pérdida de su cónyuge a quien amaba profundamente, a quien había dedicado veinte siete años de vida fiel y que, para Ella, había sido un padre, un esposo, un hermano, un amigo y un protector.

Ahora, solo como el rodaje de una vid cuando el árbol al que está ligada, es cortado, es como si su casa hubiese sido golpeada por los truenos y la división. Una vez una unidad en la que los miembros apoyaron el uno al otro, ahora, su pared principal no se encuentra, un primer golpe a la familia y una señal de la inminente partida de su amado.

Una vez más, la voluntad del Padre Eterno impone su viudez, exigiendo la separación de Su Criatura. Y en la misma pequeña casa en Nazaret donde veinte siete años antes Ella se había convertido en esposa y Madre, entre lágrimas, le da la misma respuesta sublime:

-Sí. Sí, Señor, hágase en Mí según Tu Palabra ».

Por la fuerza para dar esa respuesta, María se había acercado a Jesús en los últimos momentos de la vida de José, por lo que siempre puede estar unida a Dios en las horas más graves de Su vida: como Ella era en el Templo, cuando se le preguntó casarse con José, en Nazaret, cuando la llamaron a la Maternidad, ahora de nuevo en Nazaret para derramar las lágrimas de una viuda, y en poco tiempo, una vez más, en Nazaret, en la separación terrible de su Hijo, ya que Ella estará en el Calvario, sin poder hacer nada viendo ser torturado y luego verlo morir.

Despedida De Su Madre Y Salida De Nazaret

Extracto de 'la Mística Ciudad de Dios',
Por la venerable María de Jesús de Agreda.

Como es imposible para el hombre o los ángeles medir el amor de María por su Hijo, se recurre a sus acciones, así como Sus alegrías y Sus penas como un estándar por el cual medimos este amor.

Para Ella amar a Jesús como el Hijo del Padre Eterno es igual a Él en esencia y en todos sus atributos divinos y perfecciones. Ella lo ama como a su Hijo natural en la medida en que Él es el hombre formado de su propia carne y sangre. Ella lo ama, porque como hombre, Él es el Santo de los Santos y la causa de toda santidad. Ella lo ama porque Él es el más hermoso entre los hijos de los hombres, el Hijo más obediente de Su madre y su más magnífico Campeón, ya que es su filiación que la ha elevado a la más alta dignidad posible entre las criaturas, y elevado por encima de su todos con los tesoros de Su Divinidad, decoradas con el dominio sobre toda la creación, junto con los favores, bendiciones y gracias como nunca antes ni después conferido a otro ser.

Ella entiende perfectamente y está muy agradecida por todos estos motivos de Su amor, junto con muchos otros que sólo Su amor superior puede apreciar. En su corazón, no hay ningún obstáculo o limitación al amor ya que es más inocente y puro; Ella está agradecida porque Su profunda humildad le insta a una conformidad más fiel, Ella no está descuidada, ya que Ella está llena de gracia y entusiasmo para servir a conciencia. Tampoco Ella es olvidadiza ya su fiel memoria se fija constantemente en las bendiciones recibidas y de las razones y la doctrina del amor más profundo. Ella se mueve en la esfera del divino amor en sí mismo, ya que vive en Su presencia visible, asiste a la escuela del amor divino de Su Hijo, copiándolo en todo en Su misma compañía.

Nada es querer a esta incomparable Uno entre los amantes de entretener el amor sin límite de medida o de forma, la luna más hermosa, ahora en su plenitud y que mira en este Sol de justicia que se ha levantado como una aurora divina de la altura a la altura y se encuentra ahora en su esplendor del mediodía con la más clara luz de la gracia. Esta Luna, María, separada de todas las criaturas materiales y totalmente transformada por la luz de este sol, habiendo experimentado por su parte, todos los efectos de su amor recíproco, favores y regalos. A esta altura de Su bienaventuranza, en momentos en que la pérdida de todas estas bendiciones en su Hijo hace que sea más dolorosa, Ella oye la voz del Padre eterno llamando como una vez le pidió a Abraham y demandando a Su amado Isaac, el depósito de todos Su amor y esperanza.

María no tenía conocimiento de que el momento de Su sacrificio estaba cerca, ya que Jesús ya ha cumplido treinta años y el tiempo y lugar para satisfacer la deuda que ha asumido está a la mano. Pero en la plena posesión del tesoro que es toda Su felicidad, María sigue considerando su pérdida lejana. No obstante, la hora está sobre Ella y queda envuelta en una visión, se coloca en la presencia del trono de la Santísima Trinidad y de esta emite una voz de admirable poder diciendo:

"María, Mi Hija y Esposa, ofreceme a Mí tu Hijo Unigénito en sacrificio".

Por el poder viviente de estas palabras, Ella recibe la luz, la inteligencia y la comprensión de la voluntad del Todopoderoso y del decreto de la Redención del hombre a través de la pasión y muerte de su Hijo, junto con todo lo que va a pasar a partir de ahora en su la predicación y su vida pública. Así como este conocimiento se renueva y perfecciona en Ella, Ella siente que Su alma está dominada por sentimientos de sumisión, humildad, amor de Dios y el hombre, compasión y tierna tristeza por todo lo que su Hijo sufrirá.

Pero con un corazón firme y caritativo, Ella le da respuesta al Todopoderoso:

"Eterno Rey y Dios omnipotente de infinita sabiduría y bondad, todo lo que ha de estar fuera de Ti existe únicamente para Tu misericordia y grandeza, y Tú no has disminuido Señor de todos. ¿Cómo entonces es que Tú me ordenas, un gusanillo insignificante de la tierra, para sacrificar y entregar a Tu voluntad el Hijo, a quien Tu condescendencia me has dado? ...

Él es Tuyo, Padre eterno, ya que desde toda la eternidad antes de la estrella de la mañana Tú le has dado lugar a Él y lo tienes y le tendrás a Él a través de toda la eternidad, y si lo he vestido con forma de siervo en mi vientre y desde mi propia sangre, y si me he nutrido de su humanidad en mi pecho y ministrado a esto como una Madre: la santísima humanidad es también de Tu propiedad, y yo también, ya que he recibido de Ti todo lo que soy y que yo podía darle a Él...

Entonces, ¿qué puedo ofrecete a Ti, que no sea más tuyo que mío?...

Confieso, altísimo Rey, que Tu magnificencia y beneficencia son tan liberal en amontonar sobre Tus criaturas Tus infinitos tesoros, que a fin de obligar a Ti mismo a ellos Tú deseas recibir de ellos como un don gratuito, incluso Tu propio Hijo Unigénito, Él a quien has traído a la existencia de tu propia sustancia y de la luz de Tu Divinidad. Con Él vinieron a mí todas las bendiciones juntas y de tus manos Recibí inmensos dones y gracias, Él es la virtud de mi virtud, la sustancia de mi espíritu, la vida de mi alma y el alma de mi vida, el sustento de toda mi alegría de vivir. Sería un dulce sacrificio, de hecho, provocar que Él dependa de Ti, el único que conoce su valor, pero darlo a la satisfacción de Tu justicia en manos de tus crueles enemigos a costa de su vida, más preciosa que todo las obras de la creación; este hecho, altísimo Señor, es un gran sacrificio que Tú le pides de su Madre...

Sin embargo, no se hará mi voluntad sino la tuya. Deja que la libertad de la raza humana sea así comprada, deja que Tu justicia y la equidad sean satisfechas; que Tu amor infinito se manifieste; que tu nombre sea conocido y magnificado ante todas las criaturas...

Lo entrego a Él en tus manos ante todas las criaturas. Entrego en Tus manos a mi amado Isaac, que Él sea verdaderamente sacrificado;...

Ofrezco a mi Hijo, el Fruto de mis entrañas, con el fin de que, de acuerdo con el decreto inmutable de Tu Voluntad, Él pueda pagar la deuda contraída y no por su culpa, sino por los hijos de Adán, y con el fin de que en su muerte Él pueda cumplir con todo lo que Tus santos Profetas, inspirados por ti, han escrito y profetizado".

Este, el más grande y más aceptable sacrificio que nunca ha sido ni nunca será hecho al Padre eterno desde el principio de la creación hasta su fin, fuera de eso a realizar por su propio Hijo, el Redentor, y con quien está más íntimamente relacionado, al igual de lo que Él ofrecerá.

Si la mayor caridad es la de ofrecer la vida por la persona amada, entonces, sin duda, la caridad de María es muy superior a este alto grado de amor para con los hombres, porque Ella ama a su Hijo mucho más que a su propia vida. Como dijo Cristo a Nicodemo (John15 , 7): Por lo tanto amó Dios al mundo que dio a su único Hijo, para que ninguno de los que habían creído en Él perezca, por lo que está en proporción con María, Madre de Misericordia, Quien ama a la humanidad tanto que Ella entrega a su único Hijo para la salvación. Y tuvo Su sacrificio no dado de esta manera cuando se le fue pedido a Ella, la salvación del hombre no habría sido ejecutada desde que este decreto se había de cumplir con la condición de que la voluntad de la Madre coincidiera con la del Padre eterno. Esa es la obligación que los hijos de Adán le deben a María.

Habiendo aceptado el sacrificio de María, Dios la consuela con la vida que da el pan del entendimiento divino, para que con fortaleza invencible, Ella pueda ayudar al Verbo Encarnado en la obra de la Redención, como Co-Redentora. Por lo tanto, todavía en la misma visión, María se levanta en un éxtasis más exaltado en el que por la clara luz de la esencia de Dios, Ella entiende el deseo de Dios de comunicar sus tesoros a la humanidad a través de las obras del Verbo Encarnado y ve las glorias que estas obras traerán al nombre de Dios. Este conocimiento llena su alma con tanto júbilo que renueva su ofrecimiento de su Divino Hijo al Padre.

Cuando Ella se recupera de esta visión, por sus efectos y la fuerza recibida a través de esta, Ella ahora está dispuesta a separarse de Su Hijo divino, Quien, por Su parte, ya ha resuelto su bautismo y Su ayuno en el desierto.

Él llama a Su madre y le habla de amor y compasión diciendo:

"Mi Madre, mi existencia como hombre yo derivo por completo de Tu sustancia y sangre, de la que he tomado la forma de siervo en Tu seno virginal. También me has estado amamantando a Mí en Tu pecho y cuidaste de Mí por Tus trabajos y sudor. Por esta razón me se yo más Tu Hijo que cualquier otra jamás conocido o incluso me reconocerán a mí mismo como el hijo de su madre. Déme Tu permiso y consentimiento hacia el cumplimiento de la voluntad de mi Padre eterno. Ya ha llegado el momento, en el que debo dejar Tu dulce interacción y compañía y comenzar la obra de la Redención del hombre. El tiempo de descanso ha llegado a su fin y la hora de sufrimiento para el rescate de los hijos de Adán ha llegado. Pero me gustaría llevar a cabo este trabajo de mi Padre, con Tu asistencia, y Tú vas a ser mi compañera y ayudante en la preparación

de mi Pasión y Muerte en la Cruz. Aunque ahora debo dejarte en paz, mi bendición y mi amor y la poderosa protección quedará contigo. Después, volveré a reclamar Tu asistencia y compañía en mis labores, porque yo me someteré a ellos en la forma de un hombre, la cual Tú me has dado a Mí".

Con estas palabras, Jesús pone sus brazos alrededor del cuello de Su Madre y se consuelan mutuamente, mientras que la Madre y el Hijo desbordan con abundantes lágrimas.

Entonces María cae a Sus pies y responde:

"Señor mío y Dios eterno: Tú eres mi Hijo, y de hecho en Ti se cumple toda la fuerza del amor, que he recibido de Ti: mi alma íntima se presenta abierta ante los ojos de Tu sabiduría divina. Mi vida la consideraría pero poco, si pudiera salvar así Tu propia, o si pudiera morir por Ti muchas veces. Pero la voluntad del Padre eterno y Tu propia deben ser cumplidas y ofrezco mi propia voluntad como sacrificio por este cumplimiento. Recíbela, mi Hijo y como Maestro de todo mi ser, déjalo ser una ofrenda aceptable, y deja que Tu protección divina nunca me falte a mí. Sería un sacrificio mucho mayor para mí, que se me permitas acompañarte en Tus labores y en Tu Cruz. Puedo merecer este favor, mi Hijo, y te lo pido como Tu verdadera Madre a cambio de la forma humana, que Tú has recibido de mí. "

Habiendo pedido participar en los sufrimientos y labores de Cristo, Su perición es concedida y desde el momento en que Cristo comience Su Misión, Ella verá privado las señales de la ternura que hasta ahora han sido habituales entre Madre e Hijo, y que han sido su deleite. Él comienza a tratar a María con mayor reserva, incluso dirigiéndose a Ella como ' Mujer ' en vez de ' Madre ', como lo hará en las bodas de Cana, y también en el Gólgota, como un refinamiento exquisito de su afecto con el fin de asimilar estrecharla entre sus sufrimientos.

Así pues, con la cuestión resuelta, Madre e Hijo se preparan para separarse.

Fin del extracto.

Es Su última comida en su casa antes de que comience Su misión. Servida en la sala en Nazaret, que también funciona como la habitación donde la familia toma su descanso. En la habitación hay una mesa rectangular llana, en el otro lado de la cual hay un cofre que también sirve de asiento, puesto contra la pared. También en la sala está el telar de María y un conjunto de taburetes contra una pared, y dos taburetes más y una estantería con libros que también tiene las lámparas de aceite y otros objetos.

A través de la puerta abierta que conduce al jardín cocina, los rayos del sol de la tarde tenues iluminan el follaje superior de un árbol que comienza a ponerse verde, con sus primeras hojas.

Jesús está sentado a la mesa, con la cena servida por María, que va y viene de la cocina. Desde Su asiento, se puede ver la luz de la chimenea a través de la puerta abierta. Sobre la mesa, ya hay un poco de pan plano de color marrón oscuro, un ánfora con agua y una copa en la mesa. María sirve algunas verduras hervidas y luego más tarde, un poco de pescado asado y, por último, un poco de queso fresco suave como guijarros redondeados servido con algunas pequeñas aceitunas negras. Dos o tres veces, Jesús le pide a María que se siente y coma con él, pero cada vez Ella niega con la cabeza, sonriendo con tristeza.

En silencio, Él come, mirando a su madre con tristeza: ¿Quién, también está visiblemente triste, va y viene exclusivamente estar ocupada. Aunque todavía es de día, enciende una lámpara para ponerla sobre la mesa al lado de Jesús, sutilmente acariciándole su cabeza mientras Ella lo hace. Entonces, abre una bolsa de color avellana de lana impermeable pura, Ella mira en su interior, vuelve a entrar en el almacén en el otro extremo de la cocina y regresa con algunas manzanas secas conservadas desde el verano pasado y las pone en la bolsa, agregando una barra de pan y un poco de queso aunque Jesús remarca que Él no quiere que ya hay suficiente comida en Su bolsa.

Entonces Ella llega al extremo más corto de la mesa y de pie a Su lado izquierdo, Ella lo mira con amor y adoración mientras Él come, su rostro pálido como de costumbre; momentáneamente envejecido por el dolor, Sus ojos cansados y tristes más grandes y brillantes por las lágrimas ya derramadas y lágrimas en su interior.

Jesús, más pensativo que de costumbre, come despacio, no por hambre, sino para complacer a su Madre. Y ahora, levantando la cabeza, mira a Su Madre, su ojos se encuentran y viendo que los suyos están llenos de lágrimas, inclina su cabeza para que Ella pueda ser libre para llorar. Pero Él toma Su mano delgada que está descansando sobre la mesa, Su mano izquierda, la eleva a Su mejilla y la frota sobre ella y luego Su rostro en ella para sentir la caricia de la pobre mano temblorosa, y la besa con amor y respeto.

María ahoga un sollozo con Su mano izquierda y seca las lágrimas que corren por Su rostro con Sus dedos.

Jesús reanuda su comida y María sale a la huerta ahora envuelta en el crepúsculo. Jesús deja de comer y descansa Su codo izquierdo sobre la mesa, apoya Su frente en Su mano, absorto en sus pensamientos.

Entonces Él escucha, se levanta de la mesa y sigue a María fuera. Él mira a su alrededor y luego se mueve a la derecha y entra, el taller de carpintero ahora ordenado, no hay tableros o virutas por ahí, el fuego y las herramientas están dejadas a un lado.

Inclinándose sobre la gran mesa de trabajo, con la cabeza apoyada en Su brazo izquierdo doblado, María llora en silencio, pero lastimosamente. Jesús se acerca a Ella tan sigilosamente, que Ella no se da cuenta Él está allí hasta que Él pone su mano sobre su cabeza baja.

¡Madre! Él dice con sencillez y en su voz, hay un reproche cariñoso apacible.

María levanta Su cabeza y mira a Jesús a través de un velo de lágrimas. Y entonces Ella se apoya en su brazo derecho con ambas manos juntas como si estuviera rezando. Jesús limpia Su cara con el borde de su gran manga y luego la abraza, junto a Su corazón y la besa en la frente, majestuoso y varonil mientras que María, por Su dolor que asola Su cara, se ve como una niña pequeña.

'Ven Madre ', le dice Jesús y abrazándola con su brazo derecho, se van al exterior en el jardín de la cocina y se sientan juntos en un banco frente a la pared de la casa. El jardín está ahora silencioso y oscuro, iluminado sólo por la luz de la luna y la luz que viene de la casa. La noche es serena. Jesús le habla a María en voz baja, un mero susurro, y María escucha y asiente con la cabeza en señal de asentimiento:

" ... Y haz que Tus parientes vengan. No te quedes aquí sola. Seré más feliz, Madre, y Tú sabes cuánto necesito tranquilidad para cumplir Mi misión... No te faltará Mi amor. Vendré muy a menudo y te informaré, en caso de que no pueda volver a casa, cuando esté de vuelta en Galilea. Entonces Tú vas a venir a Mí, Madre... Esta hora había de venir. Todo comenzó cuando el ángel se te apareció a Ti; la hora suena ahora y debemos vivirla, Madre, debemos no...?

... Después de haber superado la prueba, tendremos la paz y la alegría. En primer lugar, debemos cruzar este desierto como lo hicieron nuestros antepasados antes de entrar en la Tierra Prometida. Y el Señor Dios nos ayudará como Él los ayudó... Él nos concede su ayuda como el maná espiritual para nutrir nuestras almas en el difícil momento del juicio... Digamos juntos el Padre Nuestro... '

Se levantan y miran al Cielo: dos víctimas vivientes brillando en la oscuridad. Con las manos de María unidas, y sus manos extendidas en forma de un sacerdote, lentamente, con voz clara, Jesús dice la oración del Señor, haciendo hincapié en " Venga tu Reino", y luego, tras una pausa, destacando también " Hágase tu voluntad ".

Vuelven a la casa.

Jesús derrama un poco de vino desde un ánfora en la estantería en una copa y pone la copa sobre la mesa. Luego toma la mano de María y la hace sentarse a Su lado y bebe un poco de vino, al cual Él sumerge una pequeña rebanada de pan y, después de un poco de resistencia, hace que Ella coma. Jesús vacía la copa. Entonces apretando a su Madre a Su lado, la mantiene cerca de Su corazón y se sientan así por un rato, en silencio... esperando. María acaricia la mano derecha de Jesús y a Sus rodillas y Jesús acaricia el brazo y la cabeza de María.

Después de algún tiempo, Jesús se levanta y lo mismo ocurre con María. Se abrazan y se besan con cariño y otra vez. Cada vez que parecen estar a punto de separarse, María abraza a Su criatura una y otra vez, la Madre que sufre, Quien debe separarse de su Hijo, sabiendo plenamente lo que está por venir.

Jesús pone Su manto azul oscuro sobre Sus hombros, tira de la capucha y lleva su bolsa en la espalda con el fin de caminar con las manos libres. María lo ayuda y se toma Su tiempo para arreglar Su túnica, el manto y la capucha, retrasando lo inevitable.

Jesús hace un signo de bendición en la habitación y luego se dirige hacia la puerta. Al abrir la puerta se besan una vez más. Entonces Jesús parte en la noche y en la carretera en silencio, una figura solitaria que se va a la luz de la luna blanca.

Con sus primeros pasos fuera de la casa, Jesús levanta Sus ojos al Cielo y ofrece infinito amor al Padre, todo lo que está a punto de llevarse a cabo para la salvación de la humanidad: sus labores, tristezas, pasión y muerte en la cruz y el natural dolor de separarse como un verdadero y amoroso Hijo de Su Madre, Quien es una dulce compañía que Él ha disfrutado durante treinta años.

María, apoyada en el poste de la puerta, más pálida que los rayos de la luna, los ojos brillantes con lágrimas silenciosas, lo observa irse cada vez más lejos a lo largo del camino blanco estrecho. Dos veces, él se da la vuelta para mirar a Su Madre todavía inclinada, llorando contra el poste de la puerta, observando que Él se aleja a través de su velo de lágrimas. Entonces Jesús desaparece en una curva... el inicio de Su viaje Evangélico, que finalizará en el Gólgota ...

María vuelve a la casa, todavía con lágrimas, y cierra la puerta ... Ella también ha comenzado su viaje, que la llevará hasta el Gólgota...

... Para la humanidad, que sigue siendo ingrata con aquellos Dos Quienes han subido al Calvario por ellos.

Jesús se dispone a buscar al Bautista para ser bautizado en la ribera del Jordán. Antes de llegar al Jordán, Él llena al Bautista con nueva luz y alegría dándole una visión más clara de la unión hipostática de la persona del Verbo con la humanidad de Cristo y otros misterios de la Redención que hacen que el Bautista admire y reflexione sobre ellos diciendo:

"¿Qué misterio es éste? ¿Qué presentimientos de felicidad? Desde el momento en que reconocí a mi Señor en el vientre de mi Madre, no he sentido tanta agitación de mi alma, ¡como ahora! ¿Es posible que Él ahora esté felizmente viniendo? ¿Que el Salvador del mundo está ahora cerca de mí?"

Jesus Es Bautizado En El Jordán

El amplio cauce poco profundo del Jordán lentamente lleva sus aguas azules hacia el sur, el tono verdoso en el agua en los bordes son resultado de la vegetación verde y exuberante que crece en el suelo húmedo de las riberas bajas. El movimiento del agua es suficiente para evitar la formación de pantanos, su flujo suave testamenta la planitud del lecho del río que también se refleja en la gran llanura y campo árido en la parte situada más a la izquierda del río Jordán que es el desierto de Judá; páramo vacío sembrado de piedras y escombros, como terrenos aluviales después de una inundación. No hay casas a la vista y no hay campos de cultivo, pero aquí y allá, algunos arbustos crecen en grupos donde el suelo es menos seco.

Aquí en la orilla derecha del río, en el barrio de Betania, también conocido como Betharaba, hay una gran paz, especial e inusual, como de un lugar lleno de recuerdos de ángeles aleteando con sus alas y de voces celestiales, un lugar que comunica con el alma.

Lentamente, una multitud se reúne en la orilla derecha del río, hombres de todos los ámbitos de la vida, vestidos de diferentes maneras; algunos ordinarios, algunos ricos, y algunos Fariseos vistiendo túnicas adornadas con flecos y trenzas.

En medio de la multitud, de pie en un podio de roca, hay un hombre alto, moreno en un vestido de pelo Carmel dando un sermón en una voz como un rayo trueno. Este es Juan el Bautista, el Precursor, y su sermón es grave al igual que con sus palabras, su tono y sus gestos, anuncia la venida del Mesías, exhortando al pueblo a preparar sus corazones, a romper las barreras de degradación y corregir sus pensamientos. Es un sermón violento y áspero, entregado como un médico que presenta una herida al descubierto, escudriña y luego la corta sin piedad.

En un sendero antiguo, estrecho y trillado, que corre en paralelo a la franja de arbusto verde en esta orilla, Jesús, solo, caminando lentamente y sin hacer ruido, se acerca al Bautista desde atrás, escuchando la voz de trueno del Penitente del desierto, sólo como uno de los muchos que vienen a Juan para ser bautizado y purificado para la venida del Mesías. La ropa de Jesús es de aquella de la gente común, pero Su apariencia es la perfección de la hermosura física y su porte es el de un caballero. Pero no hay nada divino, es inmediatamente obvio, para distinguirlo de los demás.

Pero una espiritualidad especial debe emanar de Él, que Juan percibe porque se da la vuelta e inmediatamente identifica su origen. Impulsivamente, Juan desciende de su podio y se apresura hacia Jesús, que se ha alejado a unos cuantos metros de la multitud y se inclina contra un tronco de árbol. Hoy es el trigésimo día después de su trigésimo cumpleaños.

Los dos hombres se miran el uno al otro, Jesús, con sus ojos azules muy dulces, Juan con los suyos negros febriles muy graves intermitentes. Ambos hombres son altos pero el parecido termina ahí, mientras Jesús luce majestuoso en Su sencilla túnica, lleva el pelo largo y ordenado, enmarcando Su rostro de color blanco marfil, el pelo lacio y negro de Juan cae desigualmente sobre sus hombros y su escasa barba oscura cubre la cara casi por completo, sus mejillas santificadas por el ayuno, su oscura tez bronceada y curtida por el sol y las condiciones secas de la vida en el desierto, y su peludo cuerpo medio desnudo en su vestido de pelo de camello, que cubre su torso hasta su delgados costados y está atado a la cintura con un cinturón de cuero, dejando su lado derecho desnudo y completamente curtido. En apariencia, uno es la antítesis del otro; como un salvaje y un ángel.

'¡Aquí está el Cordero de Dios! ... 'exclama Juan después de su escrutinio. Y postrándose ante Jesús, añade "... ¿Cómo es que mi Señor viene a mí? '

"Para cumplir con el rito penitencial, responde Jesús, con calma.

'Nunca, mi Señor. Yo debo venir a Ti para ser santificado, y ¿Tú vienes a mí? '

'Deja que se haga como yo deseo... "dice Jesús, poniendo su mano sobre la cabeza baja de Juan' ... para que toda justicia se cumpla y que el rito pueda llegar a ser el comienzo de un misterio mayor... Y los hombres puedan ser informados de que la víctima está en el mundo.

Juan mira a Jesús con ojos ahora endulzados por las lágrimas y luego conduce el camino de regreso a la orilla del río donde Jesús se quita el manto y la túnica. Sólo llevaba un par de pantalones cortos, Jesús vadea en las aguas poco profundas del río Jordán, donde, utilizando una taza hecha de una cáscara de calabaza seca vacía que mantiene atada a su cinturón, Juan vierte un poco de agua del río sobre la cabeza de Jesús, bautizándolo. En ese momento, los Cielos se abren y una Paloma divina desciende sobre Él Quien bautiza a los hombres con esa Paloma y un anunciamiento, más poderoso donde se escucha el ángel descendiendo del Cielo, del Padre eterno:

"Este es Mi Hijo amado, en Quien tengo complacencia".

Muchos de los que estaban allí oyeron esta voz que incluyendo aquellos los que no son dignos de tal favor y también ven al Espíritu Santo descender sobre el Salvador, porque esta manifestación se da sin reservas.

Blanco, manso y modesto, el Cordero de Dios, sube de nuevo a la orilla del río, se pone su ropa y luego se concentra en la oración, mientras que Juan señala a la multitud diciéndoles que él Lo reconoció por la señal que el Espíritu de Dios le había mostrado como medio infalible para identificar al Redentor.

Esta es la tercera manifestación de Cristo al mundo después de su nacimiento, a través de los Magos, Simeón en el Templo y ahora a través del Bautista.

Durante los próximos tres años, la patria de Jesús estará sembrada de Sus manifestaciones como semillas esparcidas a los cuatro vientos, y en cada condición y clase social, hasta los últimos: Su Resurrección y Ascensión al Cielo: a los pastores y personas poderosas, académicos y a los escépticos, Judíos y Gentiles, sacerdotes y pecadores, gobernantes, soldados y niños.

Y continúan, incluso ahora. Pero, como en el pasado, el mundo no aceptará las presentes manifestaciones y olvidará las pasadas. Pero Jesús dice que Él no va a renunciar, él se repite a sí mismo salvar a los hombres, para persuadirlos a tener fe en Él, sin confinarse a sí mismo a las palabras, que cansa y separa a los hombres, sino de recurrir a visiones, también, para hacer a Su Evangelio claro, dando a todos la posibilidad de conocerlo.

Y si, como niños crueles, ellos tiran el regalo sin comprender su valor, entonces se quedarán con Su indignación.

Entonces, dice Jesús: "... seré capaz de repetir una vez más los viejos reproches:" Nosotros jugamos por vosotros y vosotros no bailaráis; cantamos endechas y vosotros no lloraráis. "Pero eso no importa. Dejadlos, los que no se convienten, una pila de carbones calientes habrá sobre sus cabezas..."

Jesus Es Tentado En El Desierto Por El Diablo

Profundo en el árido desierto que se encuentra en el lado izquierdo del río Jordán, no hay más que soledad, piedras y tierra reseca que se ha convertido en un polvo amarillento que se levanta una y otra vez en las pequeñas corrientes de viento, en pequeños remolinos que están calientes y secos como el aliento de una boca febril. Los remolinos son muy molestos, ya que penetran fácilmente en las fosas nasales y la garganta de cualquiera en este lugar hostil.

A pesar de los obstáculos, algunos pequeños arbustos espinosos, sobreviven en la desolación, escasamente dispersos aquí y allá como pequeños mechones al azar sobreviviendo en el pelo de una cabeza calva. En lo alto, el cielo es azul sin piedad. En el suelo, la tierra árida, las piedras y el silencio.

Dentro de una gruta de roca formada de enorme roca saliente, Jesús está sentado en una piedra que se ha sido llevada a la cueva, apoyado en un trozo de la roca que sobresale; fuera del sol abrasador. Durante los últimos cuarenta días, la piedra sobre la cual está sentado ahora también ha sido su reclinatorio y su almohada cuando Él toma unas pocas horas de descanso, envuelto en el manto bajo el cielo estrellado, en el aire frío de la noche. Por su lado, la bolsa que trajo con Él cuando salió de Nazaret se encuentra vacía. Jesús Mismo es muy delgado y pálido.

Extracto de 'la Mística Ciudad de Dios',
Por la venerable María de Jesús de Agreda.

Los cuarenta días de Su ayuno ofrecido al Padre en satisfacción del vicio de la gula como Él conquistará cada vicio por el ejercicio de las virtudes contrarias a ellos; profunda humildad por el orgullo, pobreza voluntaria y la privación total de la avaricia, de la penitencia y la austeridad de la lujuria, la mansedumbre y la caridad para con sus enemigos de la ira vengativa, trabajos incesantes de la pereza y la negligencia, la sinceridad honesta, la veracidad y la interacción amorosa para la envidia y el engaño.

Para cada uno de los cuarenta días, Él hace trescientos genuflexiones y reza en alabanza y acción de gracias al Padre, postrado en el suelo en forma de una cruz.

De regreso a Nazaret, tan pronto como María se enteró de que Jesús estaba en camino hacia el desierto, Ella también se retiró a su habitación y el retiro era tan cumplido que sus vecinos creían que se había marchado con Su Hijo. Ella comenzó Su Ayuno con Su Hijo y también ayunó durante los cuarenta días copiando a su Hijo en cada acción y en sincronización; genuflexiones, postraciones y oraciones de alabanza y acción de gracias, viendo y comunicándose con Su Hijo por su ciencia interior única y especial, y también a través de sus ángeles mensajeros.

Hasta el trigésimo quinto día del ayuno, Cristo ha mitigado todos los intentos de Satanás y su equipo para descubrir la verdadera fuente de Su poder infinito mostrando sólo lo suficiente para demostrar que Él, Cristo, es un hombre tan avanzado en la santidad como para ganar estos poderes. Pero a medida que se acercaba el tiempo para Él para entrar en la batalla y aplastar el orgullo y la malicia de Satanás, ofreció una oración al Padre en preparación y se escondió a Sus ángeles de la vista de Satanás.

Su batalla contra Satanás comenzó en el trigésimo quinto día de Su ayuno y duró cinco días. La misión principal de Satanás era establecer de una vez por todas si Jesús era o no en verdad el Cristo, el Hijo de Dios, el mismo Dios-Hombre que él, Lucifer, estando todavía en posesión de su belleza angelical, se había negado a conocer y venerar como su jefe. Si pudiera establecer este hecho entonces él también encontraría a la Mujer, la Madre del Verbo Encarnado que estaba destinado a vencerlo. Con este fin, Satanás y sus

Legiones se despertan en coraje por su propia arrogancia, forzando todo su poder y malicia, azotandose a sí mismos en una furia contra la fuerza superior que se encuentra en Jesús. Volviendo al principio de la batalla:

Fin del extracto.

DIA 1

Sentado con Sus codos apoyados en las rodillas, antebrazos hacia adelante, con las manos unidas y los dedos entrelazados, Jesús está meditando. Una y otra vez, Él mira hacia arriba y alrededor, luego mira hacia el sol que ahora es casi perpendicular en el cielo azul. Luego cierra los ojos y se apoya en la roca como si estuviera mareado.

Entonces Satanás aparece envuelto en una túnica Beduina y una gran capa con forma de domino, un enorme cuerno con una máscara. Su feo rostro aparece enmarcado por las solapas blancas del turbante beduino que lleva puesto en la cabeza. Las solapas caen por sus mejillas, en sus hombros dejando sólo un pequeño triángulo oscuro de la cara con los labios delgados y sinuosos, ojos magnéticos negros profundos que penetran y leen las profundidades del alma de uno, pero en los que no se puede leer nada. O misterio. Ellos apuñalan y queman tu alma.

Él es todo lo contrario a Jesús en cuyo sus hermosos ojos azules brillantes, también magnético y penetran hasta el fondo del alma, se puede leer el amor y la generosidad. Ellos acarician y curan.

Satanás comienza con una **seducción sensual** envuelta en un simple acto de bondad que rápidamente se degenera...

'¿Estás solo? pregunta Satanás, acercándose a Jesús.

Jesús lo mira pero no dice nada.

'¿Cómo te quedaste aquí ? ¿Estás perdido?

Jesús lo mira de nuevo, pero permanece en silencio.

"Si tuviera agua en mi petaca, te daría un poco. Pero no tengo nada. Mi caballo murió y ahora voy a pie hasta el vado. Voy a tomar un trago allí, y encontraré a alguien que me dé un poco de pan... Conozco el camino. Ven conmigo, te llevaré allí. '

Esta vez, Jesús ni siquiera lo miró.

' Tú no contestas, ¿sabes que si te quedas aquí vas a morir? El viento se está empezando a incrementar. Habrá una tormenta. Ven '

Jesús aprieta Sus manos en oración silenciosa.

¡Ah! Eres Tú entonces? ¡Te he estado buscando durante tanto tiempo! Y te he estado observando durante mucho tiempo. Desde que Tú fuiste bautizado. ¿Estás llamando al Eterno? Él está muy lejos. Ahora Tú te encuentras en la tierra, en medio de los hombres. Y yo reino sobre los hombres. Y, sin embargo, siento por Ti, y quiero ayudarte porque eres tan bueno, y has llegado a sacrificarte por nada... "

Y Satanás se sienta delante de Jesús, lo escruta con sus ojos terribles y le sonríe con la boca en forma de serpiente. Pero Jesús permanece en silencio y en

oración.

Extracto de 'la Mística Ciudad de Dios',
Por la venerable María de Jesús de Agreda.

" ... Los hombres Te odiarán por Tu bondad. Ellos entienden nada más que el oro, la comida y el placer. El sacrificio, el dolor y la obediencia son palabras más áridas para ellos que la tierra que nos rodea aquí... más árido que este polvo. Sólo serpientes se esconden aquí esperando morder, y chacales esperando despedazar.

-Ven conmigo, el sufrimiento no vale la pena para ellos. Los conozco mejor que Tú '.

Pero Jesús sigue orando.

El esfuerzo para Satanás y sus legiones es mucho más en establecer la identidad de esta Persona, es Él sólo un hombre santo o ¿es Él el Cristo? Para ello, deben romper el escudo que les impide conocer la verdadera fuente de su poder...

...pero la fuerza es demasiado para ellos y la distracción no tiene éxito.

Fin del extracto.

DIA 2

- En el segundo día, Satanás aparece vestido de luz como un ángel y sin mucha formalidad, procede con una nueva propuesta, tentando a la **lujuria.**

'-Tú no confías en mí, pero estás equivocado. Yo soy la sabiduría de la tierra. Yo puedo ser Tu maestro y mostrarte cómo triunfar. ¿Ves? Lo importante es triunfar.

-Una vez que nos hemos impuesto a nosotros mismos y encantado al mundo, entonces podemos llevarlos a donde queramos. Pero primero, tenemos que ser lo que quieran que seamos. Gustar de ellos. Debemos seducirlos, hacerles creer que los admiramos y seguir sus pensamientos.

-Tú eres joven y guapo. Comienza con una mujer, siempre hay que empezar desde ella. Cometí un error al inducirla a ser desobediente. Yo debería haberla aconsejado de otra manera. La habría convertido en un instrumento mejor y hubiera golpeado Dios. Yo estaba apurado.-

- ¡Pero Tú! Yo te enseñaré porque un día, te miré con alegría angelical y una fracción de ese amor todavía queda en mí, pero Tú debes escucharme a mí y hacer uso de mi experiencia. Búscate una mujer, donde no tienes éxito, ella lo hará. Tú eres el nuevo Adán: Tú debes tener a Tu Eva -

- En cualquier caso, ¿cómo puedes Tú comprender y curar las enfermedades de los sentidos, si no sabes lo que son? ¿No lo sabes, es donde la semilla está del árbol de la codicia y los brotes de la arrogancia?

- ¿Por qué los hombres quieren reinar? ¿Por qué quieren ser ricos y poderosos? ... Poseer una mujer; Ella es como una alondra, sólo atraídos por el brillo. El oro y el poder son dos lados del espejo que atrae a la mujer, y son la causa del mal en el mundo... Mira: de cada mil delitos diferentes, al menos novecientos son acausa del deseo de poseer a una mujer o en la pasión de una mujer ardiendo con el deseo del hombre aún no satisfecho o ya no puede satisfacer. Ve a una mujer si quieres saber lo que es la vida. Y sólo entonces serás capaz de curar y sanar las enfermedades de la humanidad -

- Las Mujeres, Tú sabes, ¡son hermosas! No hay nada mejor en el mundo. El hombre tiene inteligencia y fuerza. ¡Pero la mujer! Su pensamiento es un perfume, su toque la caricia de flores, su gracia como el vino; es agradable de beber, su debilidad como un rollo de seda o rizo de un niño en la mano de un hombre, su caricia, una fuerza derramada sobre nuestra propia fuerza y la inflama. El dolor, el cansancio, las preocupaciones se olvidan cuando nos recostamos cerca de una mujer y ella está en nuestros brazos como un ramo de flores -

Jesús no responde, y continúa rezando.

DIA 3

Frustrado por su falta de progreso Satanás se esfuerza con su astucia para conducir al centro de la cuestión. Aún vestido de luz, él conjetura que Cristo debe tener hambre y luego astutamente descansa su consejo sobre la **suposición de que Él es el Hijo de Dios**.

- ¡Pero qué tonto soy! Tienes hambre y yo estoy hablando de mujeres. Tú estás agotado, es por eso que la fragancia de la tierra, esa flor de la creación, el fruto que da y excita el amor, parece sin valor para Ti ... Pero mira estas piedras. ¡Cuán redondas y lisas se ven, doradas por el sol poniente! ¿No se ven como panes? ... Siendo Tú eres el Hijo de Dios, todo lo que tienes que decir es: "yo quiero" y se convertirán en el dulce olor de pan, al igual que los panes de las amas de casa panes que están sacando fuera de sus hornos para la cena de sus familias... Y estas acacias áridas, si Tú sólo lo deseas así, ¿no serán llenadas de fruta dulce y dátiles tan dulces como la miel ? Come su relleno, Hijo de Dios. Tú eres el amo de la tierra. La tierra se inclina hacia abajo para ponerse a Tus pies y apaciguar Tu hambre.

-No Ves cómo Tú te has vuelto pálido y vacilante ante la mención de pan? ¡Pobre Jesús! ¿Está tan débil que ni siquiera se puede hacer un milagro? ¿Debo trabajar para Ti? Yo no soy Tu igual, pero puedo hacer algo. Lo haré sin ningún tipo de resistencia por todo un año, reunirnos todos juntos, pero quiero servirte, porque Tú eres bueno y siempre me recuerdas que Tú eres mi Dios, aunque ahora he perdido el derecho de llamarte así. Ayúdame con Tus oraciones, para que pueda... "

"¡Callad! "El hombre no vive solamente de pan, sino de toda palabra que sale de la boca de Dios".'

Satanás comienza con ira, rechina los dientes y aprieta los puños, pero él se controla a sí mismo y vuelve la mueca en una sonrisa, deseando no mostrar ninguna debilidad o salirse del contexto.

DIA 4

Levantando su coraje por su arrogancia, Satanás regresa con una nueva propuesta, esta vez con el objetivo de despertar la **vanidad** en Jesús...

-Entiendo. Tú estás por encima de las necesidades de la tierra y Tú estás disgustado al hacer uso de mí. Me lo merecía... Pero vengo y veo lo que hay en la Casa de Dios. Te llevaré hasta el pináculo del Templo, donde podrás ver cómo incluso los sacerdotes no se niegan a llegar a un compromiso entre el espíritu y la carne, después de todo, son los hombres y no ángeles...'

Cristo permite a Sí Mismo ser llevado físicamente al pináculo del Templo en Jerusalén, desde donde se pueden observar multitud de personas a pesar de que ellos mismos eran invisibles.

' ... Obrar un milagro espiritual; someterse a una transfiguración y convertirse en más guapo. Luego, llama a un ejército de ángeles y diles que formen un reposapiés para Tus pies con sus alas entrelazadas, y recostarte abajo así en el patio principal, de modo que la gente pueda verte y recuerde que Dios existe. Uno debe mostrarse a sí mismo una y otra vez porque la memoria del hombre es muy débil en particular con respecto a los asuntos espirituales. Tú puedes imaginar lo felices que estarán los ángeles de formar una protección para Tus pies y una escalera de mano para que Tú desciendas! '

" Se dice: " No debéis poner al Señor tu Dios a prueba".

-Tú entiendes que tu aparición no cambiaría nada y el Templo continuaría siendo un mercado lleno de corrupción. Tu sabiduría divina es consciente de que los corazones de los ministros del Templo son nidos de víboras que desgarran y son despedazadas en aras del éxito. Están sometidos sólo por el poder humano –

DIA 5

Extracto de 'la Mística Ciudad de Dios',
Por la venerable María de Jesús de Agreda.

Habiendo fracasado en su cuarto intento, Satanás ahora busca despertar la **ambición** del Salvador para una participación en ' su dominio '...

Por esto, Jesús permite que Satanás lo lleve hasta un monte muy alto, desde donde se puede ver a través de muchas tierras y luego de mostrarle a Él todos los lugares de interés y la riqueza, vuelven a la cueva en la que Satanás, con gran audacia exorbitante más bien como locura, promete lo que no posee ni nunca poseerá a cambio de lo único que más anhela...

Fin del extracto.

- Bueno, entonces, vamos. Adórame. Yo Te daré la tierra. Alejandro, Ciro, César, todos los grandes gobernantes, pasados o presentes, serán como los líderes de caravanas miserables en comparación a Ti, porque tendrás los reinos del mundo bajo Tu cetro. Y con los reinos, toda la riqueza, todas las cosas bellas de la tierra, mujeres, caballos, ejércitos y templos. Tú serás capaz de aumentar Tu señal por todas partes cuando Tú seas el Rey de reyes y el Señor del mundo.

Entonces Tú serás obedecido y respetado tanto por el pueblo como por el sacerdocio. Todas las clases te honrarán y Te servirán, porque Tú serás el Poderoso, el Único, el Señor.

- ¡Adórame por un solo momento! ¡Apacigua esta sed mía de ser adorado! Esto me arruinó pero aún permanece en mí y yo estoy reseco por esto. Las llamas del infierno son como una brisa fresca en la mañana en comparación con esta fiera pasión que quema dentro de mí. Es mi infierno, esta sed... un momento, sólo un momento, Cristo... '

Y Satanás cae de rodillas implorando:

'... ¡Tú eres tan bueno! Un momento de alegría para Uno eternamente torturado! Déjame sentir lo que es ser dios y yo seré Tu devoto, obediente servidor para toda su vida y todas Tus trabajos... Un instante, sólo un instante y ya no te torturaré!"

En cambio, Jesús se levanta, su rostro terriblemente severo y potentes Sus ojos, dos zafiros en llamas. Ha perdido peso de los largos días de ayunos y ahora se ve más alto y su voz de trueno retumba en la cueva de la enorme piedra luego se extiende sobre la llanura desolada pedregosa cuando él grita:

"¡Fuera, Satanás!, porque está escrito: " Adorad al Señor tu Dios y solo servidle a Él".

Con un grito de tortura espantosa y odio indescriptible, Satanás se pone de pie, una figura llena de humo terrible furioso, y desaparece gritando una última maldición.

Después de este quinto día, Cristo suspende el permiso para que Lucifer le tiente más allá y le arroja a él y a sus legiones a las cavernas del infierno en el que se encuentran totalmente aplastados e incapaces de moverse durante tres días y todavía sin saber si el que los ha aplastado tan mal es el Verbo Encarnado y tal incertidumbre ellos se quedan hasta durante la crucifixión en el Calvario.

En canciones triunfales de alabanza y agradecimiento al Padre por esta victoria sobre el enemigo de Dios y del hombre, los ángeles llevan a Jesús de regreso al desierto aquí, cansado, Jesús se sienta y se inclina hacia atrás, con la cabeza apoyada en la piedra. Está sudando y se ve exhausto pero los ángeles vienen a soplarle suavemente con sus alas en la humedad incómoda de la cueva, purificando y refrescando el aire. Jesús abre Sus ojos y sonríe, aparentemente nutridos y revigorizado por el aroma del Paraíso.

El sol se ha puesto en el oeste. Toma su bolsa y en compañía de los ángeles, que, volando por encima de su cabeza, emiten una luz suave mientras la oscuridad se acerca rápidamente, camina firme en dirección norte -este. Ahora Él asume Su expresión habitual y la única señal que queda de su largo ayuno es un aspecto más ascético en Su rostro delgado y pálido y Sus ojos embelesados en una alegría que no pertenece a este mundo.

Jesús Se Encuentra Con Juan Y Santiago

Volviendo del desierto, Jesús, una vez más, está caminando a lo largo de la franja verde de la vegetación en las orillas del río Jordán, cerca del lugar donde fue bautizado, que es también un vado muy conocido y utilizado para cruzar de Betania a Perea. El lugar está ahora desierto, pero es para unos pocos viajeros a pie, algunos burros de montar y otros caballos.

Jesús procede en Su camino hacia el norte, absorto en sus pensamientos, y al parecer inconsciente de los viajeros. Cuando llega al vado, se encuentra con un grupo de hombres de diferentes edades, discutiendo animadamente, tal vez por la detención de Bautista el día anterior, y luego se separan y se dispersan en distintas direcciones, algunos hacia el sur y otros hacia el norte.

Dos hermanos, Juan y Santiago, se encuentran entre los que se dirigen al Norte y habiendo notado a Jesús, Juan se lo señala a su hermano y sus compañeros. Ellos hablan un poco entre ellos y entonces Juan se despega del grupo y camina rápidamente hacia Jesús.

Santiago lo sigue, camina un poco más lento. Los otros, sin mostrar interés, continuan con su discusión, también caminando lentamente.

Cuando Juan está a aproximadamente dos o tres metros de Jesús, Él grita: « ¡Cordero de Dios que Quita el Pecado del Mundo! "

Jesús se vuelve y lo mira. Hay ahora sólo unos pocos pasos entre ellos. Se miran el uno al otro: Jesús con su mirada escrutadora seria, Juan, con ojos sonrientes puros en su hermoso rostro joven que se parece a la cara de una niña. Él tiene unos veinte años de edad, sin barba, sólo con el signo rubio hacia abajo como un velo dorado en sus mejillas sonrosadas.

"¿A quién buscáis?"pregunta Jesús.

"A Ti, Maestro'

"¿Cómo sabéis que soy un Maestro?'

'El Bautista me lo dijo'.

Pues entonces, ¿por qué Me llamáis Cordero? '

-Porque oí llamaros así un día cuando vosotros estabais de paso, hace poco más de un mes'.

"¿Qué queréis de Mí ? '

'Quiero que nos digas palabras de vida eterna para consolarnos'.

'¿Pero quién eres tú?

"Yo soy Juan de Zebedeo, y este es mi hermano Santiago. Somos pescadores de Galilea. Pero también somos discípulos de Juan. Él nos habló palabras de vida y lo escuchamos porque queremos seguir a Dios y merecer su perdón haciendo penitencia y así preparar nuestros corazones para la venida del Mesías. Tú eres el Mesías. Juan dijo que sí, porque él vio la señal de la paloma que descendía sobre Ti. Él nos dijo: "Aquí está el Cordero de Dios". Yo os digo: Cordero de Dios Que quita el pecado del mundo, daos la paz, porque ya no tenemos a nadie quien nos pueda guiar y nuestras almas están molestas".

'¿Dónde está Juan? '

"Herodes lo ha llevado. Está en prisión en Maqueronte. El más fiel entre sus discípulos ha tratado de ponerlo en libertad, pero no es posible. Venimos de ahí. Vamos a ir con vosotros Maestro, muéstranos dónde Tú vivéis'.

'Ven. Pero, ¿sabéis lo que estáis pidiendo? ¿Quién me siga, tendrá que dejarlo todo: su casa, sus familiares, su forma de pensar, también su vida. Yo os haré Mis discípulos y Mis amigos, si os deseáis, pero no tengo ni la riqueza ni la protección. Yo soy pobre, y seré aún más pobre, hasta el punto de no tener un lugar donde pueda descansar Mi cabeza. Y voy a ser perseguido por Mis enemigos, incluso más que una oveja perdida es perseguido por los lobos. Mi doctrina es aún más rígida que la de Juan, ya que también prohíbe el resentimiento, y no se preocupa tanto de los asuntos exteriores, sino por el alma... Vosotros debéis renacer si queréis ser mis discípulos. ¿Estáis dispuestos a hacer eso? '

-Sí, Maestro. Sólo Tú tienes palabras que nos pueden dar luz. Descienden sobre nosotros y donde había oscuridad y desolación porque no teníamos guía, arrojan luz y sol.

'Vamos, entonces, vamos. Yo os enseñaré en nuestro camino'.

Y así, juntos, van de nuevo a las orillas del lago de Galilea, donde Juan y Santiago, pasan un día en la hospitalidad de un amigo de familiares de Jesús.

Juan Y Santiago Le Hablan A Pedro Sobre El Mesías

Es un amanecer muy claro sobre el Lago de Galilea, el Cielo y el brillo del agua con destellos rosados similares a los suaves en las paredes de los pequeños huertos del lago - pueblo donde los árboles frutales se levantan de los huertos y doblan con follaje descuidado espiando en las vías.

El pueblo está empezando a moverse con las mujeres yendo a la fuente o al lugar de lavado, los pescadores descargando las cestas de pescado o de regateo sobre los precios en voz muy chillona. El pueblo es bastante grande y se extende a lo largo del lago.

Saliendo de una pequeña calle, Juan camina rápidamente hacia el lago, con calma, seguido por Santiago. En el lago, Juan explora los barcos ya en tierra y no ve al que está buscando, vuelve su mirada sobre el lago y detecta la embarcación a unos cien metros de la playa, maniobrando su camino hacia el puerto. Poniendo sus manos a los lados de la boca para proyectar su voz, él llama, extendiéndo la nota, en el punto máximo de su voz:

"¡Oh-e! "

Cuando él obtiene su atención, gesticula con los brazos para decir "Vamos, vamos ".

Sin saber de qué se trata, los hombres del barco ponen los remos y el barco acelera. Cuando están a unos diez metros de la orilla, Juan, no queriendo esperar más, se quita el manto, su larga túnica y sus sandalias y los arroja a la orilla. Entonces levantando su túnica debajo y sosteniéndolo con una mano contra su ingle, se moja los pies en el agua para reunirse con el barco que llega.

"¿Por qué vosotros dos no venís? ' pregunta Andrés mientras Pedro enfurruña en silencio.

'¿Y por qué no vienes conmigo y Santiago? Juan le responde a Andrés.

"Fui a pescar. No tengo tiempo para perder. Tú desapareciste con ese hombre ... "

'Hice señas para que vengas. Es Él. ¡Deberás escuchar sus palabras! Estuvimos con Él todo el día hasta bien entrada la noche. Ahora hemos llegado a decirle: "Ven".

'¿Es realmente Él? ¿Estás seguro? Sólo lo vimos entonces, cuando el Bautista Lo señaló para nosotros.'

"Es él. Él no lo negó.

"Cualquiera puede decir lo que le conviene para imponerse a incautos. No es la primera vez... 'refunfuña Pedro.

'¡Oh Simón! ¡No digas eso! Él es el Mesías! ¡Él lo sabe todo! Él te escucha", advierte Juan, entristecido y consternado.

'¡Claro! ¡El Mesías! Y Él se mostró a vosotros, Santiago y Andrés! ¡Tres pescadores pobres! ... ' se burla Pedro. ' ... ¡El Mesías necesitará mucho más que eso! ... ¡Y Él me escucha! Eh! Mi pobre muchacho. El primer sol de primavera ha dañado tu cerebro! Vamos, vamos y hacer algún trabajo. Eso es mucho mejor. ¡Y olvídate de esos cuentos de hadas!

"Te lo digo, ¡Él es el Mesías! Juan dijo cosas santas pero Él habla de Dios. ¿Quién no es Cristo no puede hablar estas palabras".

Simón, yo no soy un niño. Soy lo bastante viejo y estoy sereno y reflexivo. Tú sabes que ... ' declara Santiago. " ... Yo no hablaba mucho, pero he escuchado mucho durante las horas que pasamos con el Cordero de Dios, y te puedo decir que realmente ¡Él puede sino ser el Mesías! ¿Por qué no crees? ¿Por qué no quieres creer? Tal vez porque no lo has oído, pero yo le creo. ¿Somos pobres e ignorantes? Bueno, Él dice que Él ha venido a anunciar la Buena Nueva del Reino de Dios y del Reino de paz a los pobres, humildes y los más pequeños ante los grandes... Él dijo: " Los grandes ya tienen su delicias. Ellas no son delicias envidiables en comparación con los que he venido a traer. Los grandes ya son capaces de entender a través de su cultura. Pero he llegado a los "pequeños" de Israel y del mundo, a los que lloran y tienen esperanza, a los que buscan la luz y tienen hambre de la verdadera Maná, a los hombres que aprendieron a no dar luz y comida, pero sólo cargas, oscuridad, cadenas, desprecio... Y Yo llamo a los 'pequeños". He venido a poner el mundo al revés, porque voy a bajar lo que ahora se mantiene en alto y elevaré lo que hoy se celebró en el desprecio... dejaré que aquellos que quieren la verdad y la paz, que quieren la vida eterna, vengan a Mí ... los que aman la luz, que vengan a Mí ... yo soy la Luz del mundo " . ... ¿No dijo eso Juan? '

-Sí. Y Él dijo: " El mundo no va a amarme. El gran mundo no va a amarme ya que está corrompido por los vicios y la idolatría. No, el mundo no va a quererme, porque es el fruto de la Oscuridad y así no ama a la Luz... Pero la tierra no sólo está hecha del gran mundo, sino también de aquellos que, mezclados con el mundo, no son del mundo. Hay personas que son del mundo, ya que han sido encarcelados en el mismo, como peces en una red " .
... Él dijo exactamente eso, porque estábamos hablando en la orilla del lago y señaló a unas redes que estaban siendo arrastradas a tierra con peces en ellas. No, Él dijo: . . . "Veáis. Ninguno de esos peces quería ser atrapado en la red. Además, los hombres no les gustaría intencionalmente para ser presa de Mammon. Ni siquiera el más malvado, cegado por el orgullo, no creáis que ellos tienen el derecho de hacer lo que hacen. Su verdadero pecado es el orgullo. Todos los demás pecados crecen de el... los que no son completamente malos, le gustaría ser víctimas de Mammón incluso menos. Pero caen porque son frívolos y por un peso que los arrastra hacia el fondo, que es el pecado de Adán ... he venido para quitar este pecado, y en espera de la hora de la Redención, para dar a los que creen en Mí, la fuerza que les permita liberarse de las trampas que los atrapan y por lo tanto los hace libres de seguirme, la Luz del mundo".

-Pues entonces, si Él dice que debemos ir a Él de una vez " dice Pedro, impulsivo pero genuino, apresurándose a descargar el barco ahora varado en tierra. Descargan redes, cuerdas y velas... Y tú, tonto Andrés, ¿por qué no fuiste con ellos?! ... '

'Pero... ¡Simón! Tú me reprochaste porque no los persuade de venir conmigo... Tú has estado refunfuñando toda la noche, y ahora, ¿me reprendes porque no fui? '

'Tienes razón... Pero yo no Lo vi ... tú si ... y debes haber visto que Él no es como nosotros... ¡Él debe tener algo irresistible! ... "

' ¡Oh Sí! ' dice Juan. "¡Su cara! ¡Sus ojos! Qué hermosos ojos, ¿verdad Santiago? ! Y su voz ! ... ¡Oh! Qué voz! Cuando Él habla, tú pareces estar soñando con el Cielo'.

"Rápido, rápido. Vamos a verlo", dice Pedro ansiosamente y luego a los otros Pescadores les dice "Toma todo a Zebedeo, y le dice que haga como mejor le parezca. Estaremos de vuelta esta trade a la hora de ir a pescar. "

Todos ellos se visten y se preparan, pero Peter se detiene después de un par de metros, agarra la mano de Juan y le pregunta " ¿Has dicho que lo sabe todo y oye todo? ... '

-Sí, lo hice. Sólo pienso: Cuando vimos la gran luna en el cielo la noche anterior, me dijo: "Me pregunto qué estaría haciendo Simón en este momento" , y él dijo : " Él está lanzando su red y no puede poner su mente en reposo porque tiene que hacerlo todo por si mismo ya que tú no saliste con el barco gemelo en una buena tarde para la pesca ... él no sabe que en poco tiempo, tiene previsto faenar con diferentes redes y la captura de peces diferentes.

'¡Santa Misericordia! ¡Es cierto! Bueno, también habrá oído... que también yo le llamé a poco menos que mentiroso... ¡No puedo ir a Él! '

'¡Oh! Él es tan bueno. Él sin duda sabe lo que pensaba. Él ya lo sabía porque cuando le dijimos que íbamos a venirte, Él dijo: "Id. Pero no dejéis que las primeras palabras de desprecio os desalienten. Quién quiere venir a Mí, debe ser capaz de avanzar en contra de las palabras despreciativas del mundo y prohibiciones de los familiares. Porque Yo estoy por encima de la sangre y de la sociedad y del triunfo sobre ellos. . Y quién está conmigo también triunfará para siempre "... Él también dijo: No tengáis miedo de hablar el que oye vendrá, porque él es un hombre de buena voluntad. ".

"¿Es eso lo que dijo? Bueno, iré. Habla, habla de Él mientras vamos. ¿Dónde está? "

"En una casa pobre, ellos deben ser sus amigos. '

'¿Él es pobre? '

"Un obrero de Nazaret, por lo que dijo. '

'¿Y cómo vive ahora si Él ya no trabaja?

"No se Lo he preguntado. Tal vez, sus parientes Lo ayudan. "

"Hubiera sido mejor si hubiéramos traído un poco de pescado, un poco de pan y fruta ... algo. Vamos a consultar a un rabino... porque Él es como... Él es más que un rabino y vamos con las manos vacías! A nuestros rabinos no les gusta eso... '

'Pero Él lo hace. Teníamos veinte centavos entre nosotros, Santiago y yo, y se los ofrecimos a Él, como es habitual con los rabinos, pero Él no los quiso. Pero como hemos insistido tanto, dijo: "Que Dios os recompense con bendiciones de los pobres. Venid Conmigo", Y les dio a algunos pobres: Él sabía donde vivían. Y cuando le preguntaron: Maestro, ¿no os guardáis nada para vosotros?" Él respondió: "La alegría de hacer la voluntad de Dios y servir a Su gloria... También dijimos: Vosotros os estáis llamando, Maestro, pero todos somos pobres, ¿qué debemos llevaros?" Él respondió con una sonrisa, que nos hizo disfrutar de las delicias del Paraíso: "quiero un gran tesoro de vosotros", ... y nosotros dijimos:" pero no tienen nada ", y Él respondió : " **Un tesoro con siete nombres, que incluso los más pobres puedan tener mientras que los ricos no han lo tienen, y quiero escuchar a los nombres : . . Caridad, fe, buena voluntad, recta intención, continencia*, sinceridad, espíritu de sacrificio**. eso es lo que quiero de Mis seguidores. Sólo eso. Y lo tenéis... es inactiva, como las semillas en un terrón de invierno, pero el sol de la primavera las hará brotar en una espiga siete veces". Eso es lo que dijo.

¡Ah! Ahora siento que Él es un verdadero Maestro, ¡el Mesías prometido! Él no es duro con los pobres, Él no pide dinero... Es suficiente para llamarlo el hombre santo de Dios. Podemos ir con seguridad '.

* La continencia es el ejercicio del autocontrol en materia sensual tales como la comida, la bebida, el confort, la imagen y deseos, así como sobre otros asuntos de la carne, la mente y sus deseos, el corazón y sus pasiones.

Primera Reunión De Pedro Y El Mesías

Jesús, solo, está caminando a lo largo de un camino entre dos campos, en una dirección opuesta.

Juan se apresura a lo largo de un camino en el campo, su cabello rubio- marrón se ondula en cada paso. Su cara es de color de rosada y sin barba, la tez blanca de un joven, casi un hombre. No hay ninguna señal de un bigote, sólo la suavidad de sus mejillas sonrosadas, labios rojos, y su brillante sonrisa. Él tiene una mirada pura, debido a la claridad de su alma virginal que brilla a través de los ojos de color azul turquesa.

Cuando Juan está a punto de pasar a través del cerco, él grita "¡Maestro! "

Jesús se detiene y se da la vuelta, sonriendo.

"Maestro, ¡he deseado tanto por Ti! ' La gente de la casa en la que Tú vives me dijeron que ibas directo al campo, pero no me dijeron dónde. Tenía miedo de que no podría cumplir con Contigo ", dice Juan, con la cabeza ligeramente inclinada, con respeto. Su actitud y sus ojos están llenos de amor sincero y mientras habla, con la cabeza aún inclinada hacia el hombro, él levanta sus ojos color turquesa hacia Jesús.

"Vi que estabas buscandome y vine hacia ti '

'¿Tú me viste? ¿Dónde estabas Maestro?

'Allí ' y Él señala a un grupo de árboles de olivo muy lejos. "Yo estaba allí. Yo estaba rezando y reflexionando sobre qué decir esta tarde en la sinagoga. Pero vine tan pronto como te vi".

–Pero ¿cómo pudiste verme, si me cuesta ver el lugar, escondido, ya que se encuentra detrás del cerco?

–Y sin embargo, ya ves, aquí estoy. Llegué a conocerlo porque yo te vi. Lo que el ojo no lo hace, lo hace el amor '.

"Sí, el amor es así. ¿Tú me amas tanto, Maestro? "

¿Y tú me amas, Juan, hijo de Zebedeo?

'Mucho, Maestro. Creo que siempre te he amado. Antes de conocerte, mucho antes, mi alma estaba buscando por Ti, y cuando Te vi, mi alma me dijo: "Aquí está el que tú estás buscando". Creo que conocí, porque mi alma Te precibió'.

"Tú lo has dicho, Juan, y lo que dices es correcto. También llegué a ti porque Mi alma te percibió. ¿Por cuánto tiempo me amarás? '

"Para siempre, Maestro. Yo ya no quiero amar a nadie más que a Ti. '

'Tú tienes un padre y una madre, hermanos y hermanas, que tienen su vida, y en tu vida, tienes una mujer y el amor. ¿Cómo vas a ser capaz de dejar todo eso por mí? '

"Maestro... no lo sé ... pero creo que, si no es el orgullo de decir así, que Tu afición va a tomar el lugar de padre y madre, hermanos y hermanas, y también de una mujer. Voy a ser compensado por todo, si Tú me amas".

'¿Y si Mi amor debería causarte dolores y persecuciones?

'Ellos no serán nada si Tú me amas. "

"Y el día en que debo morir... '

'¡No! Tú eres joven, Maestro... ¿por qué morir?

'Debido a que el Mesías ha venido a predicar la Ley en su veracidad y de lograr la Redención. Y el mundo odia a la Ley y no quiere la Redención. Por lo tanto persiguen a los mensajeros de Dios'.

'¡Oh ! ¡Vamos, que nunca sea! No menciones la predicción de la muerte a aquel que Te ama! ... Pero si Tú mueres, yo todavía Te amaré. Permíteme amarte. 'Juan implora, con la cabeza inclinada ahora más abajo que nunca a medida que camina al lado de Jesús.

Jesús se detiene y le escruta con sus ojos penetrantes y luego pone su mano sobre la cabeza inclinada de Juan: "Quiero que me ames".

'¡Oh ! Maestro! 'exhala Juan felizmente, con los ojos brillantes de lágrimas, la boca bien formada sonriente. Toma y besa el dorso de la mano divina y la aprieta contra su corazón. Se mueven de nuevo.

-Dijiste que estabas buscando por Mí ... "

-Sí, para decirte que mis amigos quieren conocerte ... Y porque, ¡oh! ¿Cómo me estaba esperando para estar contigo nuevamente! Te dejé sólo hace unas horas ... pero yo ya no podía estar sin Ti'.

'¿Entonces has sido un buen anunciador de la Palabra?

'También Santiago, Maestro, habló de Ti en una forma... para convencerlos. '

'Por lo tanto, él tampoco tenía confianza, y no tiene la culpa porque su reserva se debió a la prudencia - ahora está convencido. Vamos y démosles la plena seguridad'.

'Él tenía un poco de miedo ... "

'¡No! No tengáis miedo de Mí! He venido por la gente buena y más aún para aquellos que están en el error.

Quiero salvar a la gente, no condenarlos. Voy a estar lleno de misericordia por la gente honesta".

¿Y con los pecadores? "

'También. Por la gente deshonesta, me refiero a aquellos que son espiritualmente deshonestos e hipócritas fingiendo ser buenos mientras hacen malas obras. Y ellos lo hacen para su propio beneficio, a fin de obtener una ventaja sobre sus vecinos. Voy a ser severo con ellos '

'¡Oh ! Simón no necesita preocuparse entonces. Él es tan leal como ningún otro'.

'Eso es lo que me gusta, y quiero que todo sea así'.

'Simón quiere decirte muchas cosas. "

"Voy a escucharlo después de hablar en la sinagoga. Os pedí informarle a las personas pobres y enfermas, además de los ricos y saludables. Todos ellos están en necesidad del Evangelio. "

Cerca del pueblo, se encuentran con unos niños jugando en la carretera. Uno de los niños corre a las piernas de Jesús y habría caído si Jesús no hubiera sido rápido para sostenerlo. El niño llora de la misma manera, como si hubiera sido herido y Jesús, sosteniéndolo en sus brazos, le dice: "¿Un israelita llorando?" ¿que deben haber hecho los miles de niños, que se convirtieron en los hombres cruzando el desierto con Moisés? Y el Altísimo Señor envió dulce maná para ellos, porque Él ama a los niños inocentes y se ocupa de estos pequeños ángeles de la tierra, estos pequeños pájaros sin alas, así como Él ve a los gorriones de los bosques y pueblos. ¿Te gusta la miel? ¿Sí? Bueno, si tú eres bueno, vas a comer la miel más dulce que la miel de sus abejas.

¿Dónde? ¿Cuándo?

"Cuando, después de una vida de fidelidad a Dios, tú irás a Él'.

' Yo sé que no puedo ir allí a menos que el Mesías venga. Mi madre dice que ahora, en Israel, muchos somos como Moisés y morimos viendo la Tierra Prometida. Ella dice que estamos ahí, esperando entrar, y que sólo el Mesías nos hará entrar'.

¡Qué pequeño israelita tan inteligente! Bueno, te digo, que cuando mueras, irás al Paraíso a la vez porque el Mesías ya habrá abierto las puertas del Cielo. Pero tú debes ser bueno. "

'¡Mamá! Mamá! ... -Exclamó el niño, deslizándose de los brazos de Jesús y luego corriendo hacia una mujer joven, que está yendo a su casa, llevando un ánfora de cobre. ' ... ¡Mamá! El nuevo Rabino me dijo que voy a ir al Paraíso a la vez cuando me muera y voy a comer tanta miel... Si soy bueno. ¡Voy a ser bueno! "

'¡Dios lo quiera! Lo siento, Maestro, si él lo molestó. ¡Él es tan vivo! '

'La inocencia no me molesta, mujer. Que Dios os bendiga, porque tú eres una mujer que cría a sus hijos en el conocimiento de la Ley".

La mujer se sonroja ante el elogio. 'Que la bendición del Señor sea contigo también. "Ella responde y luego desaparece con su pequeño.

"¿Te gustan los niños, Maestro? "

-Sí, porque son puros... sinceros.. y cariñosos. "

'¿Tienes sobrinos Maestro? '

"No tengo más que Mi Madre ... En Ella, hay pureza, sinceridad, el amor de los niños más santos, junto con la sabiduría, la justicia y la fortaleza de los adultos. Tengo todo en Mi Madre, Juan'.

'¿Y La dejaste?

"Dios está por encima, también, de la madre más santa'.

'¿La conoceré? '

'Sí, lo harás. "

'¿Y que me amará? "

'Ella te amará porque Ella ama al que ama a Su Jesús'.

'Entonces, ¿Tú no tiene hermanos?

"Tengo algunos primos del lado del esposo de Mi Madre. Pero todo hombre es Mi hermano, y yo he venido para todos. Aquí estamos ahora en la sinagoga. Voy adentro y tú te unirás a Mí con tus amigos. '

Juan se va y Jesús entra en la sinagoga, una habitación cuadrada con un despliegue de luces triangulares, atriles y rollos de pergamino y una multitud esperando y rezando. Jesús ora también. La multitud susurra detrás de Él mientras se inclina ante el jefe de la sinagoga, lo saluda y pide un rollo de forma aleatoria.

Entonces Él comienza Su lección:

"el Espíritu Me hace leer el siguiente a vosotros de Jeremías 7: " Señor Todopoderoso, el Dios de Israel, dice esto: Modificáos vuestro comportamiento y vuestras acciones y me quedaré con vosotros aquí en este lugar. No confiéis en palabras engañosas como estas: ¡Este es el santuario de Yahvé! El santuario de Yahvé, el Santuario de Yahvé! Pero si vosotros modificáis vuestro comportamiento y acciones, si os tratáis de manera justa, si no explotáis al extraño, al huérfano y a la viuda, si no derramáis sangre inocente en este lugar y no seguís dioses ajenos, a vuestra propia ruina, entonces aquí, en este lugar, me quedaré con vosotros, en la tierra que hace mucho tiempo que le di a vuestro padre para siempre'.

Escuchad, Israel. Aquí estoy para iluminar las palabras de luz, a sus almas apagadas que ya no pueden ver ni entender. Escuchad. Hay mucho llanto en la tierra del Pueblo de Dios: los ancianos lloran recordando las glorias del pasado, los adultos lloran porque se doblan bajo el yugo, los niños lloran porque no tienen perspectivas de gloria futura. Pero la gloria de la tierra no es nada en comparación con una gloria que no opresa, que excepto Mammon y la mala voluntad, puede quitar.

¿Por qué lloráis? Debido a que el Altísimo, Quien siempre fue bueno para Su pueblo, ha vuelto Su cara hacia otro lado y ya no permite que Sus hijos la vean. ¿No es también el Dios Quien dividió el mar, hizo a Israel cruzarlo, los condujo por el desierto, los alimentó y les defendió de sus enemigos ... y para que vosotros no perdáis el camino al Cielo, Él os dió una Ley para sus almas asi como Él os envió una nube de sus cuerpos? ... ¿Él ya no es el Dios Que endulza las aguas y envió el maná a Sus hijos desgastados? ¿No es también el Dios que quería establecerse en Su tierra e hizo alianza con vosotros como Padre con Sus hijos? Bueno, entonces, ¿por qué el ajeno os golpea?

Muchos de vosotros murmuran: " Y sin embargo, el templo está aquí ! " No es suficiente con tener el Templo y para ir a rezar a Dios en el. El primer templo se encuentra en el corazón de todo hombre y que es donde hay que decir oraciones santas ... Pero una oración no puede ser santa si antes el corazón no modifica su modo de vivir y con Su corazón, el hombre también modifica sus hábitos, afectos, reglas de la justicia hacia los pobres, sirvientes, familiares y Dios.

Ahora mirad. Veo hombres ricos de corazón duro que hacen ricas ofrendas al Templo, pero nunca dicen a un hombre pobre: "Hermano, aquí hay un pedazo de pan, y un centavo. Tómalos, de hombre a hombre, y no dejes que mi ayuda te desaliente como mi ofrenda no puede hacerme sertir orgulloso"... Veo a la gente que en sus oraciones, se queja a Dios porque Él no escucha sus oraciones rápidamente, y luego, cuando un miserable pobre, muy a menudo un pariente, les dice: "Escúchame", cruelmente respondéis "No" ... te veo llorando porque tu dinero se escapa de tus bolsillos por tu gobernante. Pero entonces, vosotros exprimís la sangre de los que odias y no estáis llenos de horror cuando se toma la sangre y la vida fuera de un cuerpo.

¡Oh Israel! Ha llegado el momento de la Redención. Preparad vuestros sus corazones con buena voluntad. Sed honestos ... buenos ... amáos los unos a los otros ... Los ricos no debéis despreciar a los pobres, los comerciantes no debéis defraudar... los pobres no debéis envidiar a los ricos. Todos vosotros sois de la misma sangre, y pertenecéis a un solo Dios... Todos vosotros estáis llamados a un destino. No os cerréis, con vuestros pecados, los cielos que el Mesías se abrirá para vosotros. ¿Habéis errado hasta ahora? Ya no. Abandonad todos vuestros errores.

La ley es simple, fácil y buena, ya que se remonta a los Diez Mandamientos originales, iluminadas por la luz del amor. Veníd. Yo os mostraré de que están hechas: amor, amor, amor. El amor de Dios por vosotros. Vuestro amor por Dios. El amor por vuestros vecinos. Siempre amor, porque Dios es amor y aquellos que son los hijos del padre que saben cómo vivir el amor.

Yo estoy aquí para todo el mundo y para daros a todos la luz de Dios. Esta es la palabra del Padre que se convierte en alimento para vosotros. Venid, probad, cambiad la sangre de vuestros espíritus con este alimento. Dejad que cada veneno se desvanezca, que cada lujuria muera. Una nueva gloria se os ofrece a vosotros: la eterna, para todos los que vendrán cuyos corazones verdaderamente estudiarán la Ley de Dios.

Comenzad desde el amor, no hay nada más grande. Cuando vosotros sepáis cómo amar, ya lo sabréis todo, y Dios os amará, y el amor de Dios significa ayuda contra todas las tentaciones. Que la bendición de Dios sea con aquellos que se vuelven a Dios con sus corazones llenos de buena voluntad".

Jesús se queda en silencio. Las personas susurran. Luego cantan himnos, muchos de los cuales son salmos, antes de separarse.

Jesús sale a la pequeña plaza y se encuentra Juan, Santiago, Pedro y Andrés esperando en la puerta.

Paz a vosotros...', saluda Jesús ... Aquí está el hombre que para seáis justos, no debéis juzgar antes de conocer, pero es honesto admitir que estás equivocado. Simón, ¿querías verme? Aquí estoy. Y tú, Andrés, ¿por qué no has venido antes?

Los dos hermanos se miran entre sí, avergonzados, y luego Andrés susurra "No me atreví".

'Pedro se sonroja pero no habla. Pero cuando oye que Jesús le pregunta a Andrés 'No hacías nada malo viniendo' No hay que atreverse hacer solamente cosas malas. "Pedro interviene: "Fue mi culpa ... ' , dice con franqueza ' ... Él quería traerme en principio, pero yo ... yo le dije: ... "Yo no lo creo ", y no quería venir. ¡Oh! Ahora me siento mejor! ...

Jesús sonríe, y luego dice: " Y debido a tu sinceridad, te digo que Te amo'.

'Pero yo .. yo no soy bueno ... yo no soy capaz de hacer lo que Tú has dicho en la sinagoga. Soy irascible y si alguien me ofende ¡eh! Soy ambicioso y me gusta el dinero... y en mi negocio de pescado eh! No siempre ... no siempre he sido honesto. Y yo soy un ignorante. Y no tengo mucho tiempo para seguirTe y recibir Tu Luz. ¿Qué voy a hacer? Me gustaría llegar a ser como Tú dices... pero... "

"No es difícil, Simón. ¿Conoces tú un poco de las Escrituras? ¿Conoces? Bueno, piensa en el profeta Miqueas. Dios quiere de ti lo que dijo Miqueas. Él no le pide destrozar el corazón, tampoco Él te pidió que sacrifiques tus más santos afectos. Él no te pregunta por el momento. Un día, sin ser solicitado por Dios, le darás a Dios tu propio ser... Pero Él va a esperar mientras el sol y el rocío te vuelva a su vez, una hoja delgada de hierba como lo eres ahora, en una gloriosa palma robusta de un árbol. Por ahora, Él le pide sólo esto: ser justo, amar la misericordia, para tener el mayor cuidado en el seguimiento de tu Dios. Esfuérzate por hacer eso y el pasado de Simón será cancelado y te convertirá en un nuevo hombre, el amigo de Dios y de su Cristo. Ya no Simón, sino Cefas * la roca segura sobre la que me apoyo.

"¡Me gusta eso! Entiendo eso. La ley es tan ... es tan ... es decir, no puedo cumplir con ella por más tiempo, ya que los rabinos la han hecho. Pero lo que Tú dices, sí ... Creo que voy a ser capaz de hacerlo. Y Tú me ayudarás... ¿Te vas a quedar en esta casa? Yo conozco al dueño.

'Yo me quedo aquí . Pero voy a Jerusalén y después, voy a predicar por toda Palestina. Yo vine para eso. Pero a menudo voy a estar aquí".

"Vendré, a escucharte de nuevo. Quiero ser Tu discípulo... Un poco de la luz entrará en mi cabeza. "

'Tu corazón, por encima de todo, Simón ... Tu corazón ... Y tú, Andrés... ¿no tienes nada que decir?

'Estoy escuchando, Maestro".

'Mi hermano es tímido.

"Se convertirá en un león. Está oscureciendo. Que Dios os bendiga y os conceda un buen botín. Id ahora'.

' La paz sea con vosotros'.

Y ellos salen.

"Me pregunto lo que Él quiso decir antes cuando dijo que voy a estar pescando con otras redes y la captura de peces diferentes', dice Pedro, tan pronto como están fuera.

'¿Por qué no le preguntaste? Querías decir tantas cosas, pero apenas hablaste'.

"Yo estaba tímido ... ¡Él es tan diferente de todos los otros rabinos! '

' Ahora, Él está yendo a Jerusalén... " Dice Juan, con mucha añoranza y nostalgia. 'Quería preguntarle si me dejaba ir con Él ... Pero no me atreví... '

'Ve y pregúnatle ahora mi hijo ... " alienta Pedro ... Lo dejamos ir así ... sin una palabra de afecto. Deja que Él sepa por lo menos que nosotros Le admiramos. Voy a decirle a tu padre'.

"¿Debería ir, Santiago?

'Ve'.

Juan corre... Y él vuelve corriendo muy content 'le dije a Él: "¿Quieres que yo vaya a Jerusalén contigo?"

Él respondió: "Ven, Mi amigo"! ... Amigo, Él dijo!, Mañana voy a estar aquí a esta hora. ¡Ah! ¡con Él a Jerusalén! ... '

* Cefas significa Roca.

Jesús Se Encuentra Con Felipe Y Natanael

Juan llama a la puerta de la casa donde Jesús se hospeda y es dejado entrar por una mujer que luego llama a Jesús.

Se saludan con un saludo de paz.

'Has llegado temprano, Juan'

'He venido a decirte que Pedro Te pide que pases por Betsaida. Él ha hablado con mucha gente acerca de Ti... No fuimos a pescar la noche anterior. Oramos así como pudimos y dimos nuestras ganancias... porque el Sabat no había terminado aún. Y esta mañana, pasamos por las calles hablando sobre Ti... Hay muchos que desean verte... ¿Vendrás, Maestro? "

"Lo haré, aunque tengo que ir a Nazaret antes de ir a Jerusalén"

'Pedro Te llevará de Betsaida a Tiberíades en su barca. Será más rápido para Ti'

"Vamos entonces'.

Jesús toma Su manto y la bolsa, pero Juan lo libera de la misma. Dicen adiós a la casera y luego salen de la aldea de Cafarnaúm, a orillas del Lago de Galilea, al atardecer, viajan de noche para llegar a Betsaida a la mañana siguiente.

Cuando llegan a Betsaida, encuentran a Pedro, Andrés, Santiago y a sus esposas que los esperan en la entrada de la aldea.

'La paz con vosotros. Aquí estoy'.

"Te damos gracias, Señor, también en nombre de aquellos que están esperando por Ti. No es el Sabat hoy, pero ¿Tú hablarás Tus palabras a aquellos que están esperando oirte?

-Sí, Pedro, lo haré. En tu casa. '

'Vamos, entonces... 'dice Pedro, lleno de alegría". ... Esta es mi esposa y esta es la madre de Juan ... y estos son sus amigos. Pero hay otras personas esperando por Ti: familiares y amigos de nosotros.

"Diles que voy a hablar con ellos esta noche, antes de irme".

'Maestro... por favor, quédate una noche en mi casa. El camino hacia Jerusalén es largo, aunque lo acortaré llevandote a Tiberías en barca. Mi casa es pobre, pero honesta y amigable. Quédate con nosotros esta noche. '

Jesús mira a Pedro, y a todos los demás en espera. Él los mira con curiosidad. Entonces, Él sonríe y dice "Sí, voy a quedarme".

¡Pedro está encantado!

La gente mira hacia fuera de sus puertas y de cambio de miradas de complicidad con otros mientras el pequeño grupo camina por el pueblo a la casa de Pedro. Un hombre llama a Santiago por su nombre, habla con él en voz baja, señalando a Jesús. Santiago asiente en señal de afirmación y el hombre va y habla con otras personas de pie en un cruce de caminos.

Llegan a la casa de Pedro y entra. Hay una gran cocina llena de humo, con redes, cuerdas y cestas de pesca en una esquina, una larga baja chimenea apagada - en el medio, dos puertas enfrentadas, una conduce a la calle, más allá del cual el murmullo del lago azul celeste es visible y la otra al jardín de la cocina donde hay una higuera y algunas vides, más allá de la cual hay una pared baja oscura de otra casa.

'Te ofrezco lo que tengo Maestro, de la mejor manera que sé cómo ... '

"No podrías ofrecer más ni mejor porque tú está haciendo su ofrenda con amor."

'Ellos le dan a Jesús un poco de agua para refrescarse a Sí mismo, y luego un poco de pan y aceitunas de las que Él toma unos cuantos bocados para complacerlos, les da las gracias y luego no come más.

Algunos niños curiosos miran desde el jardín de la cocina y desde la calle y Pedro frunce el ceño ante los intrusos para mantenerlos fuera pero Jesús sonríe y dice: ' Dejadlos en paz. '

"Señor, ¿quieres descansar? Mi habitación está aquí... y Andrés está allá. Toma a Tu selección. No vamos a hacer ningún ruido mientras estés en reposo. '

'¿Tiene una terraza?

-Sí. Y la vid, aunque todavía está casi desnuda, da un poco de sombra'.

-Entonces llévame hasta allí. Prefiero descansar allí. Voy a pensar y a rezar. "

'Como Tú desees. Ven'.

Suben una pequeña escalera en el exterior que se eleva desde la huerta hasta la azotea donde hay una terraza rodeada por un muro bajo. No hay redes ni cuerdas en la terraza, pero la cantidad de luz brillante y ... ¡una hermosa vista del lago azul!

Jesús se sienta en un taburete y se recuesta contra la pared, mientras que Pedro bulle con una vela, extendiéndola sobre la vid para proporcionar sombra del sol. Hay una brisa y silencio, y Jesús es visiblemente feliz.

"Me voy, Maestro".

'Ve, ve con Juan y dile a la gente que voy a hablar aquí en la puesta de sol".

Pero a pesar de los dos pares de palomas que van y vienen de sus nidos, y el canto de los gorriones, hay un silencio total y Jesús se queda solo y ora por un largo tiempo, mientras que las horas pasan en paz y en silencio.

Entonces Él se levanta y camina alrededor de la terraza, ve el lago, le sonríe a unos niños jugando en la calle y le devuelven la sonrisa. Él mira más a lo largo de la calle en la pequeña plaza a unos cien metros de distancia de la casa de Pedro y luego baja las escaleras y va a la cocina: "Mujer, voy a dar un paseo en la orilla".

Entonces Él sale y camina por la playa, cerca de once niños que juegan. '¿Qué estáis haciendo? 'Él les pregunta.

"Queríamos jugar a la guerra. Pero él no quiere por lo que estamos jugando a la pesca".

El niño que no quiere jugar a la guerra es un hombrecillo frágil de cara brillante.

"Él tiene razón. La guerra es un castigo de Dios para castigar a los hombres, y es una señal de que el hombre ya no es un verdadero hijo de Dios... Cuando el Altísimo creó al mundo, Él hizo todas las cosas: el sol, el mar, las estrellas, los ríos, las plantas, los animales, pero Él no hizo brazos... Él creó al hombre y le dio ojos para que pudiera lanzar miradas amorosas, una boca para decir palabras de amor, oídos para escuchar tales palabras, manos para dar ayuda y acariciar, pies para correr rápido y ayudar a nuestros vecinos necesitados y un corazón capaz de amar ... Él le dio al hombre inteligencia, lenguaje, afectos y gustos... Pero Él no le dio el hombre odio. ¿Por qué?...

...Porque el hombre, criatura de Dios, iba a ser el amor como Dios es amor. Si el hombre hubiera seguido siendo una criatura de Dios, hubiera perseverado en el amor y la familia humana no habría conocido la guerra o la muerte. '

'Pero él no quiere hacer la guerra porque él siempre pierde'.

Jesús sonríe. 'No debemos reprobar lo que es perjudicial para nosotros, simplemente porque es perjudicial para nosotros. Debemos reprobar una cosa, cuando es perjudicial para todo el mundo... Si una persona dice: "Yo no quiero eso porque voy a perder", esa persona es egoísta. En cambio, el buen hijo de Dios dice: " Hermanos, yo sé que iba a ganar, pero yo os digo: no haré esto porque vosotros sufriráis una pérdida". ¡Oh! ¡Ese hombre ha entendido el precepto principal! ¿Quién puede decirme que es el precepto principal? '

Los once niños dicen juntos: "Amarás a tu Dios con todas tus fuerzas, y a tu prójimo como a ti mismo'.

'¡Oh ! Vosotros sóis niños inteligentes. ¿Váis a la escuela? "

'Sí, lo hacemos".

"¿Quién es el más listo?

'Él'. El pequeño frágil que no quiere guerra.

'¿Cuál es tu nombre? '

'Joel'.

'¡Un gran nombre! "... Que el débil diga: "¡Yo soy fuerte! "¿Pero fuerte en qué? En la Ley del verdadero Dios, por estar entre aquellos quienes están en el valle de la Decisión, Él los juzgará a ser Sus santos... Pero el juicio ya está cerca. No en el valle de la Decisión, sino en la montaña de la Redención. Allí, el sol y la luna se oscurecerán con el dolor, las estrellas temblarán y derramarán lágrimas de piedad, y los hijos de la luz serán juzgados y separados de los hijos de las Tinieblas. Y todo Israel sabrá que su Dios ha llegado. Felices aquellos que serán reconocidos por Él. La miel, la leche y el agua dulce descenderán en sus corazones y las espinas se convertirán en rosas eternas... ¿Quién de vosotros queréis estar entre los seréis juzgados santos de Dios? '

¡Yo! Yo ! Yo! '

'¿Amaráis al Mesías, entonces?

'¡Sí! ¡Sí! A Ti! a Ti! Es a Ti a quien amamos. ¡Sabemos que eres Tú! Simón y Santiago nos lo han dicho, y nuestras madres nos lo han dicho. ¡Llévanos contigo! '

-Sí, os llevaré si sóis buenos. No más malas palabras, no más arrogancia, peleas, sin responder a vuestros padres. La oración, el estudio, el trabajo, la obediencia. "

'Y yo Te amaré y Te acompañaré ' y los niños todos se reúnen alrededor de Jesús en su manto azul como un vestido de colores vivos alrededor de un largo pistilo, de color azul oscuro.

Un anciano se acerca al grupo con curiosidad y cuando Jesús se vuelve a acariciar a un niño que está tirando de Su manto, ve al hombre y lo mira con su intensa mirada penetrante. El hombre se sonroja, Le saluda, pero luego dice nada más.

« ¡Ven! sígueme Felipe! " dice Jesús, llamando al hombre por su nombre.

'Sí, Maestro. "

Jesús bendice a los niños y luego regresa a la pequeña huerta de Pedro y se sienta con Felipe.

"¿Quieres ser mi discípulo?

"Sí, quiero ... pero no me atrevo a esperar tanto'.

'Yo te he llamado".

'Entonces yo soy Tu discípulo. Aquí estoy. '

"¿Sabías sobre Mí? '

Andrés me habló de Ti. Él me dijo: "Aquel por el que estabas suspirando ha llegado. "Porque Andrés sabía que yo anhelaba al Mesías. "

'Tu expectativa no se ha decepcionado. Él está delante de ti'.

'¡Mi Maestro y Mi Dios! "

'Tú eres un Israelita bien intencionado. Es por eso que yo estoy manifestandome contigo. Otro amigo tuyo que está esperando, él también es un israelita sincero. Ve y dile a él: " Hemos encontrado a Jesús de Nazaret, el hijo de José, de la casa de David, Él, de quien Moisés y los profetas han hablado. "Id'.

Jesús se queda solo hasta que Felipe regresa con Natanael - Bartolomé.

'He aquí un verdadero israelita, en quien no hay engaño. La paz sea contigo, Natanael.

'¿De dónde me conoces?

'Antes de que Felipe Te llamara, Te vi debajo de la higuera'.

"Maestro, Tú eres el Hijo de Dios. ¡Tú eres el Rey de Israel! "

'Porque te dije que te vi mientras estabas meditando bajo la higuera, ¿crees? Verás cosas más grandes que eso. Yo solemnemente os digo, que el Cielo está abierto y por tu fe, verás a los ángeles descender y ascender por encima del Hijo del hombre. Es decir, por encima de Mí, Quien está hablándote a ti'.

"Maestro, no soy digno de tal favor! '

'Creed en Mí, y seráis digno de los Cielos. ¿Tú crees?

'Sí, creo, Maestro'.

Mientras tanto, a medida que se acerca la noche, una multitud se reúne en la terraza de Pedro y también en la cocina.

Jesús les habla

"Paz a los hombres de buena voluntad ... Paz y bendiciones a sus hogares, sus mujeres, sus hijos. Que la gracia y la luz de Dios reine en vuestros hogares y en los corazones que habitan en ellos'

- Habéis querido escucharme. La Palabra está hablando. Habla con alegría a los honestos, con dolor al deshonesto, con deleite a la santa y pura, con misericordia a los pecadores. Esto no retiene en sí mismo, sino que ha llegado a extenderse como un río que fluye para el riego de las tierras que necesitan agua, refrescarlos y fertilizarlos al mismo tiempo con humus.

- Queréis saber lo que se requiere para convertirse en discípulos de la Palabra de Dios, del Mesías, la Palabra del Padre, que ha venido a unir a Israel en conjunto, que podéis escuchar de nuevo estas palabras del santo e inmutable Decálogo y podéis ser santificados por ellos y por lo tanto ser purificado para la hora de la Redención y del Reino, por lo que el hombre puede purificarse por sí mismo.

- Ahora, os digo a los sordos, los ciegos, los mudos, los leprosos, los paralíticos, los muertos: "Levántaos, vosotrso estáis curados, caminan, puede que los ríos de luz, de palabras, de sonidos se abran para vosotros, para que puedan ver y escucharme a Mí y hablar de Mí. "... Pero en lugar de vuestros cuerpos, estoy hablando de vuestras almas. Los hombres de buena voluntad, venid a Mí sin temor. Si vuestras almas son heridas, os curaré, si estáis enfermos, yo os sanaré, si estáis muertos, os levantaré. Todo lo que quiero es vuestra buena voluntad.

¿Lo que os pido es difícil? No. No lo es. Yo no os impongo los cientos de preceptos de los rabinos. Yo digo: seguid el Decálogo. La ley es una e inmutable. Muchos siglos han pasado desde que se os dio, bella, pura, fresca como una criatura recién nacida, como una rosa recién abierta en su tallo. Simple, limpia, fácil de seguir... Pero durante los siglos, los fallos y las tendencias han complicado con muchas leyes menores, cargas y restricciones y demasiadas cláusulas dolorosas ... os traigo la Ley, una vez de nuevo, ya que el Altísimo os dio y en su propio interés, os pido que la aceptéis con corazones sinceros, al igual que los verdaderos israelitas de tiempos pasados.

- Vosotros murmuráis, más en vuestros corazones que con vuestros labios, culpando a las clases altas en lugar de gente humilde. Lo sé. Deuteronomio dice lo que debe ser hecho, nada más era necesario. Pero no juzguéis a los que actuaron por los demás, no para ellos mismos. Haced lo que Dios manda y, sobre todo, tratad de ser perfectos en dos preceptos principales: si amáis a Dios con toda vuestra alma, no pecaráis porque el pecado da dolor a Dios. Quien ama no quiere dar dolor...

Si amáis a tu prójimo como a vosotros mismos, seréis hijos respetuosos con vuestros padres, esposos fieles a vuestras esposas, comerciantes honestos en vuestro comercio, sin violencia en contra de vuestros enemigos, veraz en el testimonio, sin envidia de los ricos, y sin incentivos de lascivia por la esposa de otro hombre ...y como vosotros no queréis hacer a los demás lo que no queréis que hagan a vosotros, no robaréis o mataréis, o calumniaréis, o entréis en el nido de otra persona como cucus.

- No, yo os digo: "Llevad vuestra obediencia a los dos preceptos de amor a la perfección: el amor también a vuestros enemigos.

- Cuánto el Altísimo os amará ya que Él ama tanto al hombre. Aunque el hombre se convirtió en su enemigo por el pecado original y por sus pecados personales, envió el Redentor, el Cordero, que es Su Hijo, es decir Yo, que os estoy hablando a vosotros, el Mesías prometido a redimiros de todos vuestros pecados, si aprendéis a amar como Él lo hace.

-Amor. Que vuestro amor se convierta en una escalera por la que, como los ángeles, vosotros podáis ascender al Cielo, como Jacobo los vio, cuando vosotros escuchéis al Padre decir a cada uno y todo el mundo: "Seré vuestro protector donde quiera que vayáis, y yo os haré volver a este lugar; al Cielo, el Reino eterno. La paz sea con vosotros".

La multitud profiere palabras de aprobación emocional y poco a poco se van. Pedro, Andrés, Santiago, Juan, Felipe y Bartolomé se quedan.

'¿Te vas mañana Maestro? '

-Mañana al amanecer, si no os importa".

"Lamento que te vayas pero no me importa la hora, sino todo lo contrario, me conviene".

'¿Vais a pescar? '

-Sí, esta noche, cuando la luna se levante".

"Lo has hecho bien, Simón, no pescando anoche. El Sabbat no había terminado todavía. Nehemías* en su reforma, quiere que el día de reposo se respete en Judá. Incluso hoy en día, muchas personas trabajan en el día de reposo: en prensas, llevando la madera, el vino y la fruta, y comprando y vendiendo pescado y corderos. Tenéis seis días para eso. El Sabbat pertenece a Dios. Sólo hay una cosa que vosotros podéis hacer en el Sabbat: hacer bien al prójimo. Pero todo el beneficio debe ser excluido de esta ayuda; **quien vulnere el Sabbat para hacer un beneficio será castigado por Dios**. ... Él que haga un beneficio, será perdido durante los otros seis días... ¿Él no hace ningún beneficio? Él ha fatigado su cuerpo en vano porque no se le concedió el descanso que la

Inteligencia ha asignado, y por lo tanto, se irrita su alma después de haber trabajado en vano, y se va a extender de maldición... El día del Señor es para gastarlo con vuestros corazones unidos a Dios en la oración dulce del amor. Vosotros debéis ser fieles en todas las cosas".

* Nehemías es la figura central en el libro de Nehemías que describe su trabajo en la reconstrucción de Jerusalén y la purificación de la comunidad Judía.

Pero... Escribas y doctores, que son tan severos con nosotros... no trabajan en días de reposo, ellos ni siquiera le dan un pedazo de pan a sus vecinos, para evitar la fatiga de entregarlo pero practican la usura ** en el Sabbat. Como no es material de trabajo, ¿es legal practicar la usura en día de reposo? "

** La práctica de prestar dinero a irrazonablementes altas tasas de interés.

'No. Nunca. Ni en el Sabbat ni en cualquier otro día. Quién practica la usura es deshonesto y cruel".

"Los Escribas y los fariseos entonces... '

'Simón: no juzgues. No lo hagas".

'Pero tengo ojos para ver... "

'¿Es el mal sólo lo que ves, Simón?

'No, Maestro".

"Bueno, entonces, ¿por qué miras las malas acciones?

"Tú tienes razón, Maestro'.

'Bueno, mañana por la mañana, al amanecer, me iré con Juan. '

"Maestro... '

—Sí, Simon, ¿qué es? '

"Maestro, ¿vas a Jerusalén?"

"Tú sabes que si'.

"Yo también iré en Pascuas ... también lo hará Andrés y Santiago'.

¿Y bien? ... ¿Quieres decir que a ti te gustaría venir conmigo? ... ¿Y tu pesca? ... ¿Y tu ganancia? ... Tú me has dicho que te gusta tener dinero, y voy a estar fuera durante muchos días, me voy a casa de Mi Madre en primer lugar. Y también voy a pasar por allí en mi camino de regreso, me detendré allí para predicar. ¿Cómo te las arreglarás?

Peter está perplejo, indeciso... entonces se decide. 'Creo que... yo iré. ¡Te prefiero antes que al dinero! "

"Yo voy también'.

'Y yo también'

"Vamos también, ¿no es así Felipe? Pregunta Bartolomé.

"Vamos entonces, tú me ayudarás.

'¡Oh! ... 'exclama Pedro, aún más entusiasmado con la idea de ayudar a Jesús "¿Cómo vamos a hacer eso? '

"Yo os diré. Para hacer el bien, todo lo debéis hacer es hacer lo que os digo. Quien obedece siempre hace el bien. Ahora vamos a orar y entonces cada uno de nosotros irá y llevará a cabo sus funciones".

"¿Qué harás Maestro?'

"Continuaré rezando. Yo soy la Luz del mundo, pero también soy el Hijo del hombre. Oremos... 'y Jesús recita el salmo que comienza con "¿Quién se apoya en la ayuda del Altísimo, vivirá en la protección del Dios de los Cielos. Él le dirá al Señor: "Tú eres mi protector y mi refugio. Él es mi Dios, tendré esperanzas en Él. Él me rescató de las trampas de los cazadores de aves y de las duras palabras... ".

Judas Tadeo En Betsaida Para Invitar A Jesús A Las Bodas De Caná

La cena es terminada ahora y Jesús, Juan, Santiago, Pedro y su esposa están todos sentados en la cocina de Pedro hablando y Jesús se interesa en la pesca, cuando Andrés entra con noticias de los visitantes:

"Maestro, hay un hombre en cuya casa Tú estás viviendo, junto con otro hombre que dice que es tu primo'.

Jesús se levanta y va hacia la puerta' Déjadlos entrar, dice. Y cuando ve a Judas Tadeo a la luz de la lámpara de aceite y la chimenea, exclama " ¿Eres Judas? '

'Sí, Jesús. 'Ellos se besan'.

Judas Tadeo es un hombre guapo y viril en la plenitud de su condición de hombre, alto, aunque no tan alto como Jesús, bien constituído y fuerte, de tez de color marrón oscuro como la de José, el padre adoptivo de Jesús, cuando era joven. Sus ojos son algo similares a los de Jesús, ya que son de un azul pero rozan el turquesa, su barba castaña cortada cuadrada y su ondulado cabello es del mismo tono que su barba.

'He venido de Cafarnaúm, fui allí en barco y he venido aquí en barco para ganar tiempo. Tu Madre me envía; Ella dice: "Susana se casa mañana, por favor ven a la boda. " María estará allí, y también mi madre y hermanos... Todos los parientes han sido invitados. Tú serías el único ausente, y ellos te piden que vengas y hagas feliz a la joven pareja'.

Jesús se inclina, un poco estirando sus brazos y dice: Un deseo de Mi Madre es una ley para mí. Pero iré también por Susanna y por nuestros parientes. Sólo... lo siento por ti ... " y Él mira a Pedro y a los otros. "Ellos son Mis amigos... 'Él le explica a Su primo y luego los presenta, a partir de Pedro y, al final, le dice ' ... Y este es Juan... 'con una expresión especial que hace que Judas Tadeo mire a Juan con más cuidado, mientras su amado discípulo se ruboriza. Luego, para Sus amigos, Él presenta a Judas Tadeo diciendo:

"Mis amigos, este es Judas, hijo de Alfeo, Mi primo según la costumbre del mundo, porque él es el hijo del hermano del esposo de Mi Madre... Un muy buen amigo Mío y compañero tanto en la vida como en el trabajo. '

Mi casa está abierta para vosotros como lo está para el Maestro. Sentáos y luego apuntando a Jesús, Pedro le pregunta ' ¿Y? ¿Ya no vamos a Jerusalén contigo? '

'Por supuesto, vosotros vendráis. Iré después de la fiesta de bodas. La única diferencia es que no voy a parar en Nazaret por más tiempo".

Bien Jesús, porque Tu Madre es mi invitada por unos días ... " dice el hombre de Cafarnaúm... Eso es lo que pretendemos hacer. Ella también se quedará conmigo después de la boda".

'Esto es lo que haremos. Iré en el barco de Judas ahora a Tiberíades y de allí a Caná. Luego, con el mismo barco, volveré a Cafarnaúm con Mi Madre y con vosotros... Tú vendrás el día después del sábado siguiente, Simón ... si todavía quieres venir ... E iremos a Jerusalén para la Pascua".

'¡Por supuesto que quiero ir ! No, vendré en el Sabbat para escucharte a Ti en la sinagoga'.

"¿Ya estás enseñando Jesús? ' pregunta Tadeo.

'Sí, Mi primo".

¡Y tú deberías oír Sus palabras! ¡Ah! ¡Nadie más habla como Él! '

Judas suspira. Con la cabeza apoyada en la mano, el codo en la rodilla, él mira a Jesús y suspira. Parece ansioso por hablar, pero no se atreve.

'¿Cuál es el asunto Judas? Dice Jesús alentadoramente. '¿Por qué te fijas en Mí y suspiras?

'Nada'

'No. Debe ser algo. ¿Ya no soy el Jesús de quien tú eras aficionado? ... ¿De Quién no tenías secretos?

¡Por supuesto que Tú lo eres! ¿Y cuánto Te extraño, Tú el Maestro de Tu primo mayor ...'

"Bueno, entonces habla'.

'Quería decirte... Jesús... ten cuidado ... Tú tienes una Madre... Ella te tiene solo a Ti... Tú quieres ser un "rabino" diferente de los demás y sabes, mejor que yo, que ... que las clases poderosas no permiten nada que pueden diferir de las leyes acostumbradas y lo que ellas determinan. Sé que tu forma de pensar... Es una santa... pero el mundo no es santo... y oprime a los santos ... Jesús... Tú sabes el destino de Tu primo Bautista... él está en la cárcel, y si él no está muerto todavía, es porque ese malvado Tetrarca le tiene miedo a la multitudes y de la ira de Dios. Como malvado y supersticioso también es cruel y lujurioso... Tú... ¿qué vas a hacer? ¿A que destino vas a exponerte Tú mismo? '

"Judas, Tú estás tan familiarizados con Mi forma de pensar, y ¿eso es lo que Me pides? ... ¿Estás hablando en tu propia iniciativa? ¡No, no me mientas! Tú has sido enviado, desde luego no por Mi Madre, a decirme esas cosas... "

Judas baja su cabeza y se queda en silencio.

'Habla, primo. "

'Mi padre ... y José y Simón con él ... Ya sabes, por Tu bien, porque son aficionados a Ti y a María... no ven con buenos ojos lo que vas a hacer... y... les gustaría que pienses en tu Madre... "

'¿Y tú qué piensas?

'Yo... Yo... "

"Tú estás atraído en direcciones opuestas por las voces que vienen desde Muy Arriba y los que vienen desde el mundo. No estoy diciendo desde abajo... digo del mundo. Lo mismo se aplica a Santiago... aún más. Pero yo te digo que por encima del mundo, hay un Cielo... y por encima de los intereses del mundo, está la causa de Dios. Tú debes cambiar tus formas de pensar. Cuando aprendas a hacer eso, tú serás perfecto".

'Pero ... ¿y Tu Madre? '

Judas, Ella es la única que de acuerdo con la forma de pensar del mundo, debe tener derecho a recordarme Mi deber como hijo, es decir, Mi deber de trabajar para Ella, y proveerle para sus necesidades materiales. ... Mi deber de ayudarla y consolarla con Mi presencia. Pero ella no Me pide ninguna de estas cosas... Desde que Me tuvo, Ella sabía que iba a perderme, encontrarme una vez más de una manera

mucho más amplia que el pequeño círculo familiar...
Y desde entonces, Ella se ha preparado para eso...

...Su donación voluntaria sin reservas de sí misma a
Dios no es nada nuevo. Su madre se ofreció al Templo
antes de que Ella le sonriera a la vida... Y mientras
Ella Me contaba las innumerables veces que me
hablaba de su santa infancia, sosteniéndome cerca de
su corazón en las largas noches de invierno o en las
noches abiertas estrelladas de verano - se entregó a
Dios desde los albores de su vida en este mundo... Y
Ella misma dio aún más cuando Ella Me tuvo, que
Ella puede estar donde yo esté, cumpliendo la misión
que me ha dado Dios... Todo el mundo Me
abandonará en un momento determinado, tal vez sólo
sea por unos minutos, pero todo el mundo será
superado por la cobardía, y tú pensarás que hubiera
sido mejor, por tu propia seguridad, si nunca me
hubieras conocido. Pero... Ella... Quién entiende y
sabe... Siempre estará conmigo...

... Y Tú te volverás Mío una vez más, a través de Ella.
Con el poder de Su inquebrantable fe amorosa, Ella te
atraerá a Sí misma, y por lo tanto Tú a Mí, porque yo
estoy en Mi Madre, y Ella está en Mí, y Nosotros
estamos en Dios...

... Me gustaría que todos vosotros entendáis esto,
tanto vosotros que son Mis parientes según el mundo
y vosotros, amigos y niños de una manera
sobrenatural. Ni tú ni nadie sabe Quién es Mi Madre.
Pero si vosotros supieras, no La criticaríais en

vuestros corazones diciendo que Ella no es capaz de mantenerme sujeto a Ella, sino que La veneraríais como la amiga más íntima de Dios, la Mujer Poderosa Quién puede obtener todas las gracias desde el corazón del Padre Eterno y de Su Hijo amado... Yo ciertamente iré a Caná. Quiero hacerla feliz...

... "Tú entenderás mejor después de la boda. "Jesús es majestuoso y persuasive".

Judas mira a Jesús, reflexiona, y luego dice: " Y yo sin dudas iré contigo, con estos amigos, si Tú me quieres... porque me parece que lo que dices es correcto. Perdona mi ceguera y mis hermanos. ¡Eres mucho más santo de lo que somos nosotros!

"No guardo rencor contra los que no Me conocen ... Yo también estoy sin sensación de malestar hacia los que Me aborrecen... Pero yo siento por ellos por el daño que hacen a sí mismos. ¿Qué tienes en ese morral?

'La túnica que Tu madre te ha enviado. Es una gran fiesta de mañana. Ella piensa que Su Jesús la necesitará para que Él no parezca estar fuera de lugar entre todos los invitados. Ella trabaja desde la mañana hasta la noche todos los días, para tenerlo listo para Ti. Pero no terminó el manto; Sus flecos todavía no están terminados y Ella lo siente mucho".

'No importa. Voy a llevar ésta, y voy a guarder aquella para Jerusalén. El Templo es mucho más importante que una fiesta de bodas.

"Ella será muy feliz. "

"Si quieres estar en el camino a Caná en la madrugada, tú deberías salir de una vez. La luna está subiendo y será una agradable travesía", dice Pedro.

"Vamos, entonces. Ven, Juan. Te llevo conmigo. Adiós, Simón Pedro, Santiago, Andrés. Os veré en la víspera del Sabbat en Cafarnaúm. Adiós, mujer. La paz sea con vosotros y vuestra casa.

Jesús sale con Judas y Juan. Pedro va con ellos hasta el lago y los ayuda, sueltan amarras.

FIN

Si te ha gustado este libro, por favor escribe un comentario. ¡Gracias!

Extractos de las Secuelas

Dónde Hay Aspinas, También Habrá Rosas

....

Jesús Expulsa A Los Mercaderes Fuera Del Templo

Jesús entra en el complejo del Templo acompañado de Sus seis discípulos; Pedro, Andrés, Juan, Santiago, Felipe, Bartolomé, donde ya hay una gran multitud reunida en el interior, y también fuera del complejo del Templo. De hecho, mirando hacia abajo desde la parte superior de la colina sobre la que se levanta el Templo, las estrechas callejuelas de Jerusalén son un hervidero de peregrinos que llegan en bandadas de todas partes de la ciudad, por lo que las calles parecen una cinta multicolor que se mueve entre el blanco de las casas y toda la ciudad se transforma completamente en un juguete raro hecho de cintas de colores alegres que convergen hacia las cúpulas brillantes de la Casa del Señor.

Pero dentro del complejo, es... un mercado real. La serenidad del lugar santo ha sido destruido por la gente corriendo, algunos llamando, algunas transacciones por los corderos, gritando y maldiciendo a causa de los precios exorbitantes, animales balando mientras se los guía hacia recintos con divisiones rústicas hechas de cuerdas y clavijas levantadas por los comerciantes quienes están de pie en la entrada para negociar con los compradores.

Hay golpes con garrotes, balidos, maldiciones, gritos, insultos a criados que no son rápidos en la recolección o la selección de los animales, abusos a los compradores que regatean sobre los precios o que se apartan de una compra e insultos más graves aún a los que sabiamente trajeron sus propios corderos.

Hay más que gritos por los cambistas de dinero, donde el tipo de cambio legal ha sido casualmente ignorado y en su lugar, sin que exista ningún tipo de interés fijo, los cambistas ahora convertidos en usureros, imponen tasas exorbitantes para subir sus ganancias como ellos se imaginan y ¡no bromean en sus transacciones! Cuanto más pobre es la gente o desde más lejos vienen, más empobrecida: los viejos más que los jóvenes y aquellos más allá de Palestina, incluso más que los viejos.

Y está claro que esta es siempre la costumbre, al menos en el momento de la Pascua; que el Templo se convierte en... una bolsa de valores o en un mercado negro.

Un pobre viejo, uno de tantos, se ve con tristeza otra vez y otra vez en el dinero que ha ahorrado en todo un año con mucho trabajo duro. Lo saca y lo pone de nuevo en su bolsa docenas y docenas de veces, yendo de un cambiador de dinero a otro y, a veces, al final, volviendo al primero, que después se venga de su deserción original, elevando su comisión. Y las grandes monedas pasan con pesar de las garras de su dueño con suspiros a manos prensiles de los tiburones que las transforman en monedas más pequeñas.

Y entonces el pobre viejo se mueve a otra tragedia con los comerciantes de corderos sobre la elección y el pago de los corderos. Y si, como sucede una y otra vez, el pobre viejo siendo medio ciego también es timado con los más miserables buscando por un corderito.

Una pareja de ancianos - hombre y esposa - traen de vuelta a un pequeño cordero pobre, que ha sido rechazado por los que realizan los sacrificios como defectuoso. La vieja pareja llora y suplica a los mercaderes de corderos, que, lejos de ser conmovidos, responden con ira con palabras crudas y modales más crudos:

'Considerando lo que vosotros queréis gastar, Galileos, el cordero que os di es aún demasiado bueno. ¡Fuera! O si vosotros queréis uno mejor, debéis pagar cinco monedas más'.

'¡En el nombre de Dios! ¡Somos pobres y mayores! ¿Usted va a impedirnos celebrar esta Pascua que puede ser nuestra última? ¿No estás satisfecho con lo que quería para un pobre corderito? '

'Fuera, inmundos. José el Viejo está llegando aquí. Disfruto su favor. ¡Que Dios esté contigo, José! ¡Ven y haz tu selección! '

José el Viejo, también conocido como José de Arimatea, pasa, señorial y orgulloso, magníficamente vestido, sin ni siquiera una mirada a los pobres ancianos que lloraban a la entrada del recinto. Él entra en el recinto, recoge un magnífico cordero y casi golpea a la pareja de ancianos cuando sale con su gordo cordero balando.

Jesús, que ahora está cerca, también ha hecho su compra, y Pedro, que regateó para Él, tira de un buen cordero. A Pedro le gustaría ir de una vez donde se ofrecen los sacrificios, pero Jesús se dirige a la derecha, hacia la pareja de ancianos consternada, llorando, indecisos, quienes están golpeados por las multitudes e insultados por el vendedor.

Jesús, Quién es tan alto que la cabeza de los pobres almas viejas llegan sólo hasta Su corazón, pone una mano sobre el hombro de la mujer y le pregunta: '¿Por qué lloras mujer?'

La viejita se da la vuelta y ve al joven hombre alto, majestuoso, en una nueva y hermosa túnica blanca y un manto blanco nieve a juego. Ella lo confunde con un médico a causa de sus vestidos y su aspecto y su sorpresa es mayor porque los médicos y los sacerdotes no prestan atención a los pobres ni tampoco los protegen de la avaricia de los comerciantes. Ella le explica a Jesús la razón de sus lágrimas.

'Cambia este cordero para estos creyentes. No es digno del altar, tampoco es justo que tú debas tomar ventaja de dos ancianos pobres, sólo porque son débiles y desprotegidos'. Le dice Jesús al comerciante de corderos.

'¿Y quién eres Tú?'

'Un hombre justo'.

'Por Tu forma de hablar y Tus compañeros', yo sé que Tú eres Galileo. ¿Puede haber un hombre justo en Galilea?'

'Haz lo que te dije, y se un hombre justo ti mismo'.

"¡Escuchad! ¡Escuchad al Galileo que está defendiendo a sus iguales! Y ¡Él quiere enseñarnos a nosotros del Templo! ' El hombre se ríe y se burla, imitando el acento Galileo, que es más musical y más suave que el de Judea.

Muchas personas se acercan más a ellos y otros comerciantes y cambistas se ponen del lado de su compañero de comercio en contra de Jesús.

Entre los asistentes hay dos o tres rabinos irónicos. Uno de ellos le pregunta: ' ¿Eres médico? ', De manera que incluso probaría la paciencia de Job.

'Sí, lo soy'.

'¿Qué enseñas?'

'Esto enseño: a hacer la Casa de Dios, una casa de oración y no una usura o un mercado. Eso es lo que Yo enseño'.

Jesús es formidable. Se ve como el arcángel en el umbral del Edén e incluso sin una reluciente espada en su mano, los destellos de Sus ojos atacan a los burladores impíos como un rayo. Jesús no tiene nada en sus manos. Todo lo que tiene es Su cólera. Y lleno de ira, Él camina rápido y solemnemente entre los bancos de los cambistas: Esparce las monedas que han sido ordenados tan meticulosamente de acuerdo a sus valores, se trastorna con los bancos y mesas tirando todo al suelo con grandes ruidos estrepitosos. En medio del estruendo de los rebotes de los metales y la madera, gritos de cólera, gritos de terror y gritos de aprobación se mezclan. Pero Jesús no ha terminado todavía.

Él arrebata algunos cables utilizados para sujetar a los bueyes, las ovejas y los corderos de las manos de los chicos de la granja y los utiliza para hacer un látigo muy duro con nudos corredizos que son flagelos reales. Entonces Él levanta el látigo y lo hace girar golpeando sin piedad con el. Sí... sin piedad.

La tormenta imprevista golpea cabezas y espaldas. Los creyentes se mueven a un lado admirando la escena; los culpables, perseguidos hasta la pared externa, parados en sus talones, dejando su dinero en el suelo y abandonando a sus animales en una gran confusión de piernas, cuernos y alas, algunos de los cuales, sobresaltados, corren y vuelan. El fuelle de bueyes, balidos de ovejas y aleteo de tórtolas y palomas, se suman a las carcajadas y los gritos de los creyentes, ya que se burlan de los tiburones de créditos escapistas ahogando incluso el coro plañidero de los corderos que se sacrificaron en otro patio.

Sacerdotes, rabinos y Fariseos se apresuran al lugar. Jesús todavía está en el medio del patio, volviéndose en persecución, el látigo todavía en sus manos.

'¿Quién eres Tú? ¿Cómo te atreves a hacer eso, alterando las ceremonias prescritas? ¿De qué escuela Tú eres? No sabemos de Ti, ni sabemos de donde vienes'.

'Yo soy Aquél Que es Poderoso. Puedo hacer cualquier cosa. Destruid este Templo verdadero y lo levantaré para alabar a Dios. No estoy molesto por la santidad de la Casa de Dios o de las ceremonias, estoy molesto por lo que permitís en Su casa para convertirse en el centro de los tiburones de crédito y comerciantes. Mi escuela es la escuela de Dios. La misma escuela que todo Israel tenía cuando el Eterno Dios le habló a Moisés. ¿Vosotros no sabéis de Mí? Sabréis de mí. ¿No sabéis de dónde Yo vengo? Aprenderéis.

Entonces, ignorando a los sacerdotes, Jesús se dirige a la gente, de pie con Su túnica blanca, con Su manto abierto y soplando en el viento detrás de la espalda, los brazos extendidos como un orador reforzando el punto clave de su discurso, Él dice: '¡Escuchad, Israel! En Deuteronomio se dice: 'Vosotros estáis para nombrar jueces y escribanos en todas las puertas... y ellos deben administrar un juicio imparcial para el pueblo. Vosotros debéis ser imparciales; no debéis tomar sobornos, porque el soborno ciega los ojos de los hombres sabios y pone en peligro la causa de los justos. La justicia estricta debe ser vuestro ideal, de modo que podáis vivir en posesión legítima de la tierra que Jehová tu Dios os está dando'.

'Escuchad, Israel. En Deuteronomio dice: "Los sacerdotes y escribas y toda la tribu de Leví no tendrán ninguna participación ni herencia con Israel, porque tienen que vivir de los alimentos ofrecidos a Yahvé y en Sus deudas; no tendrán, pues, herencia entre sus hermanos, porque Yahvé será su herencia'.

'Escuchad, Israel. En Deuteronomio se dice: "no debéis prestar sobre el interés de vuestro hermano, si la falta fuera de dinero o comida o cualquier otra cosa. Vosotros podéis exigir intereses de un préstamo de un extranjero; pero se presta sin intereses a vuestro hermano lo que necesita".

El Señor dijo esto. Pero ya ves que en Israel los juicios se administran sin justicia para los pobres. Ellos no están inclinados hacia la justicia, pero son parciales con los ricos, y ser pobre, ser parte de la gente común significa ser oprimido. ¿Cómo la gente puede decir:

"Nuestros jueces son justos" cuando ven que sólo los poderosos son respetados y satisfechos, mientras que los pobres no tienen quien les escuche? ¿Cómo pueden las personas respetar al Señor, cuando ven que el Señor no es respetado por los que deberían respetarlo más a Él que a los demás? ¿Él que infringe el mandamiento del Señor lo respeta? ¿Por qué entonces los sacerdotes de Israel poseen la propiedad y aceptan sobornos de los recaudadores de impuestos y pecadores, que les hacen ofrendas para obtener sus favores, mientras que aceptan regalos para llenar sus arcas? Dios es la herencia de Sus sacerdotes. Él, el Padre de Israel, es más que un Padre para ellos y les proporciona alimentos, como es justo. Pero no más de lo que es justo. No prometió dinero ni posesiones a Sus siervos del santuario. En la vida eterna, poseerán el Cielo por su justicia, como Moisés, Elías, Jacobo y Abraham lo harán, pero en este mundo deben tener sólo una sábana y una diadema de oro incorruptible: la pureza y la caridad, y sus cuerpos deben estar sujetos a sus almas, que también deberán someterse al Dios verdadero, y sus cuerpos no están para ser amos sobre sus almas y contra Dios.

Me han preguntado con qué autoridad hago esto. ¿Y con qué autoridad ellos violan el mandato de Dios y permiten a la sombra de los muros sagrados la usura en sus hermanos de Israel, que han venido a obedecer el mandato divino? Se me ha preguntado de que escuela Yo he venido y he respondido: 'De la escuela de Dios " Sí, Israel, he venido y os llevaré de vuelta a esa escuela santa e inmutable.

Quién quiere conocer la Luz, la Verdad, el Camino, quién quiere volver a escuchar la voz de Dios que habla a su pueblo, que venga a Mí. Vosotros seguisteis a Moisés a través de los desiertos, Israel. Seguidme, porque os voy a llevar a través de un desierto mucho peor, a la verdadera tierra bendita. En el mandato de Dios, os guiaré a este, a través de un mar abierto. Yo os curaré de todos los males alzando Mi Signo.

Ha llegado el tiempo de Gracia. Los Profetas esperaron por el y murieron esperando. Los Profetas profetizaron y murieron en esa esperanza. Ellos sólo han soñado con el y murieron confortados por ese sueño. Ahora está aquí. Venid. "El Señor está a punto de juzgar a Su pueblo y tendrá misericordia de Sus siervos, 'como Él lo prometió por medio de Moisés'.

Las gente se apiñaba en torno a Jesús de pie escuchándolo a Él con la boca abierta. Luego, comentan las palabras del nuevo Rabino y le hacen preguntas a sus compañeros. Jesús se va al otro patio, separado del primero sólo por un porche y Sus amigos lo siguen.

www.ingramcontent.com/pod-product-compliance
Lightning Source LLC
Chambersburg PA
CBHW070605050426
42450CB00011B/2999